Warum ist die Leitung sozialer Organisationen männlich?

Eine Untersuchung von Michael Boecker und Romina Maillaro

Soziale Arbeit kontrovers (SAk) 28

Verlag des Deutschen Vereins
für öffentliche und private Fürsorge e.V.
Michaelkirchstraße 17/18, 10179 Berlin
www.deutscher-verein.de

Auslieferung über den Lambertus-Verlag:
www.lambertus.de

Druck:
PIEREG Druckcenter Berlin GmbH

Printed in Germany 2022
ISBN 978-3-7841-3558-8
ISBN E-Book 978-3-7841-3559-5

Gefördert vom:

Die Reihe „Soziale Arbeit kontrovers"

Der Deutsche Verein für öffentliche und private Fürsorge e.V. und der Lambertus-Verlag möchten mit dieser Schriftenreihe aktuelle Fragen der Sozialen Arbeit aufgreifen und in knapper, handlicher Form Orientierungshilfen zur Verfügung stellen. Ausgehend von einer provokanten oder rhetorischen Fragestellung sollen vermeintliche Gewissheiten, Selbstverständlichkeiten oder Verallgemeinerungen kritisch überprüft werden. Ziel dieser Schriftenreihe soll es nicht sein, einfache Lösungen zu präsentieren, sondern die Komplexität der Themen vor dem Hintergrund der Entstehungs- und Rahmenbedingungen und der jeweiligen Einflussfaktoren darzustellen.

Die Herausgeber haben ein Format gewählt, das der Lesbarkeit und Übersichtlichkeit einen hohen Rang einräumt: Renommierte Autorinnen und Autoren legen ihre Forschungsergebnisse und Schlussfolgerungen knapp und ohne umfangreichen wissenschaftlichen Apparat dar. Dem Charakter der Reihe entspricht es, dass die unterbreiteten Ideen und Vorschläge nicht immer mit den Positionen der Herausgeber übereinstimmen. Unter www.deutscher-verein.de und www.caritas.de finden Sie jeweils die aktuellen sozialpolitischen Positionierungen des Deutschen Vereins und des Deutschen Caritasverbands (Gesellschafter des Lambertus-Verlags).

Wir hoffen, mit dieser Schriftenreihe den fachlichen Diskurs zu fördern und freuen uns auf Rückmeldungen der Leserschaft.

Michael Löher

Vorstand des Deutschen Vereins für öffentliche und private Fürsorge e.V.

Petra Itschert

Geschäftsführung des Lambertus-Verlages

Inhalt

1. Einleitung und Problemdarstellung

> „Ein hoher Frauenanteil unter den Beschäftigten garantiert nicht, dass Frauen in gleichem Umfang an Führungspositionen teilhaben" (Müller 2016, 18).

Die Soziale Arbeit versteht sich selbst als eine Gerechtigkeitsprofession und macht sich soziale Gerechtigkeit sowie den Einsatz für Menschenrechte und eine vielfältige Gesellschaft zur Aufgabe (Deutscher Berufsverband für Soziale Arbeit e.V. 2016). Nimmt man jedoch die Profession selbst in den Blick und betrachtet die Geschlechterverhältnisse sowie die Chancengleichheit im beruflichen Aufstieg hinsichtlich ihrer eigenen Professionsangehörigen, so wird schnell klar, dass Vielfalt und soziale Gerechtigkeit noch längst nicht gegeben sind. Obwohl sich die Mehrheit der Beschäftigten der Sozialen Arbeit aus Frauen zusammensetzt, ist der „Frauenberuf" immer noch von „Männerhand" geleitet (Rose 2007, 123 ff.; Ehlert 2010, 52 ff.; GEW 2017, 24; Diakonie Deutschland 2019, 20).

Die in diesem Band vorgestellte qualitativ-empirische Studie beschäftigt sich mit der Frage, welche Rolle die Kategorie Gender für den beruflichen Aufstieg von Frauen in Leitungspositionen in der Sozialen Arbeit spielt. Anhand aktueller empirischer Daten soll der Zusammenhang von Gender und Sozialer Arbeit aufgezeigt und das Wirken dieser Kategorie sozialer Ungleichheit innerhalb der eigenen Profession sichtbar gemacht werden. Uns ist dabei bewusst, dass eine Dichotomie der Geschlechter nur unzureichend die Heterogenität von Menschen und ihre geschlechtliche Identität abzubilden vermag, und wir verstehen in diesem Sinne Geschlecht als gesellschaftliche Konstruktion.

Um die Frage nach der Bedeutung der Kategorie Gender für den beruflichen Aufstieg von Frauen in Leitungspositionen in der Sozialen Arbeit beantworten zu können, wird nachfolgend auf bereits vorhandene Forschungen zu dem Thema eingegangen und ein Blick auf die Geschlechterverhältnisse in Ausbildung und Praxis sowie in der Leitung Sozialer Arbeit geworfen. Anschließend wird Gender als Kategorie sozialer Ungleichheit definiert und auf die Professionsgeschichte sowie auf das professionelle Selbstverständnis eingegangen. Zudem werden wir die besonderen Herausforderungen für Leitungskräfte in der Sozialen Arbeit aufzeigen, bevor wir das methodische Design der Studie erläutern. Es folgt eine Darstellung und Diskussion der zentralen Forschungsergebnisse sowie ein abschließendes Fazit, in dem die Rolle der Kategorie Gender für den beruflichen Aufstieg von Frauen in Leitungspositionen in der Sozialen Arbeit resümiert wird. Gleichzeitig wollen wir mit unserem Beitrag einen Ausblick geben, wie sich eine als „Gerechtigkeitsprofession“ angesehene Disziplin in Forschung und Praxis weiterentwickeln muss.

Bevor wir auf die bereits vorhandene Datenlage im Detail eingehen, kann an dieser Stelle zusammengefasst werden, dass es insgesamt an aktuellen Studien zum Geschlechterverhältnis in der Profession der Sozialen Arbeit in Leitungsebenen mangelt und dass die vorhandenen Daten nur eingeschränkt und wenig ausdifferenziert sind. Die Wohlfahrtsverbände weisen allerdings eine umfassendere Datenlage zur Leitung in der Sozialen Arbeit auf, als dies bei den öffentlichen Leistungsträgern der Fall zu sein scheint. Zu nennen sind zum Beispiel der erste Gleichstellungsbericht des Arbeiterwohlfahrt (AWO) Bundesverbands e.V. (2018), Müller (2014) und Bereswill/Stecklina (2010). Letztere stellen zusammenfassend fest, dass „Geschlechterperspektiven in Studien, Forschungskontexten und in ihrer Praxis vielfach ausgeblendet [werden], sie werden als Spezialwissen oder als Frauenthema verhandelt“ (ebd., 9). In einigen Wohlfahrtsverbänden scheint im Hinblick auf Positionspapiere zu Frauen in Führung oder auf einsehbare Genderberichte das Thema mittlerweile mitgedacht zu werden (vgl. zum Beispiel AWO Bundesverband e.V. 2018; 2020; Diakonie Deutschland 2019; Stetter-Karp 2019). So gab es beispielsweise bei der Caritas das Projekt „Gleichgestellt in Führung gehen“ im Zeitraum von 2012 bis 2014 oder das Projekt „Geschlecht. Gerecht gewinnt“ von 2016 bis 2018 (Kricheldorff/Schramkowski 2015, 6; Stetter-Karp 2019, 3; Boecker/Grewe 2020, 47). Der AWO Bundesverband e.V. betonte 2018 in seinem Gleichstellungsbericht, dass dieser „ein Modellprojekt zum Auftakt für eine neue Schwerpunktsetzung und intensive Auseinandersetzung mit dem Thema Gleichstellungspolitik in der AWO“ sein solle (ebd., 24). Dennoch sind die Berichte und Projekte teilweise bereits einige Jahre alt, in anderen Wohlfahrtsverbänden anscheinend noch nicht vorhanden oder transparent einsehbar und trotz der Thematisierung steigt die Anzahl an Frauen in obersten Leitungspositionen der Sozialen Arbeit insgesamt nur langsam an (Müller 2016, 13 ff.; Stetter-Karp 2019, 2).

1.1 Geschlechterverhältnisse in Ausbildung und Praxis der Sozialen Arbeit

Die Diskussion über die Unterrepräsentation von Frauen in Leitungspositionen, die auch in anderen Branchen bereits geführt wird, muss gerade mit Blick auf das eigene Selbstverständnis der Sozialen Arbeit als Gerechtigkeitsprofession stattfinden (Boecker/Grewe 2020, 46).

Ehlert stellt bei der Betrachtung der Geschlechterverhältnisse in der Praxis der Sozialen Arbeit fest, dass in den „personenbezogenen Dienstleistungen“ der Sozialen Arbeit mehrheitlich Frauen als Sozialarbeiter/innen[1] und Sozialpädagog/innen vertreten sind (Ehlert 2010, 52). Auch die Statistik der Bundesagentur für Arbeit macht den immer noch sehr hohen Frauenanteil in der Sozialen Arbeit in Deutschland deutlich: Im Jahr 2018 waren in Sozialarbeit, Sozialpädagogik und Sozialberatung insgesamt 375.000 Erwerbstätige beschäftigt. Der Anteil der Frauen lag bei 74 % (Bundesagentur für Arbeit 2019, 97). Dieses Ergebnis deckt sich ebenfalls mit einer Studie der Gewerkschaft Erziehung und Wissenschaft (GEW) aus dem Jahr 2017, bei der ein Frauenanteil von 71 % an den Beschäftigten in der Sozialen Arbeit in Deutschland festgestellt wurde (GEW 2017, 24).

Bei der Belegung von Studiengängen in Deutschland spiegelt sich ebenfalls ein hoher Frauenanteil wider. So kann für das Wintersemester 2020/2021 in Deutschland festgehalten werden, dass die Soziale Arbeit mit 62.057 weiblichen Studierenden zu einem der stärksten von weiblichen Studierenden besetzten Studienfächer zählt (Statistisches Bundesamt 2021). Der Studiengang Soziale Arbeit belegt damit nach der Betriebswirtschaftslehre, Psychologie, Rechtswissenschaft und der Allgemeinmedizin den fünften Rang im Ranking der 20 am stärksten von weiblichen Studierenden belegten Studienfächer in Deutschland (ebd.).

1.2 Geschlechterverhältnisse in Leitungspositionen der Sozialen Arbeit

Blickt man jedoch auf die Leitungsebenen, so wird die Problematik des eingangs angeführten Zitates deutlich: Das Geschlech-

---

1 Wir verwenden kein Gendersternchen, da dieses seitens des Verlags nicht zugelassen ist. Da uns eine gendersensible Sprache sehr wichtig ist, möchten wir an dieser Stelle betonen, dass wir nicht-binäre und diversgeschlechtliche Personen gleichermaßen in unserem Beitrag einbeziehen.

terverhältnis kehrt sich um, die Leitungspositionen der Sozialen Arbeit sind oftmals von Männern besetzt. Bei der Betrachtung vorhandener Forschungsliteratur wird deutlich, dass sich dieses Verhältnis auch nach Jahren nicht geändert hat (vgl. zum Beispiel Scherr 2002, 563 ff.; Ehlert 2010, 45 ff.; Kricheldorff/Schramkowski 2015, 6; AWO Bundesverband e.V. 2018, 56; Diakonie Deutschland 2019, 21; Boecker/Grewe 2020, 46). Eine Ausnahme hiervon bilden die Kindertageseinrichtungen: Dort übernehmen Frauen bereits einen großen Anteil der Leitungspositionen, beispielsweise als Gruppen- und Einrichtungsleitungen (Fendrich et al. 2006, 23). Klammert man diesen Bereich allerdings aus, kann – vor dem Hintergrund der hohen Frauenanteile im Studium und in der Praxis – von einer „Hierarchisierung in der Sozialen Arbeit als ein [...] Frauenberuf in Männerregie" gesprochen werden (Ehlert 2010, 52). Fendrich et al. (2006, 24) sowie der AWO Bundesverband e.V. (2018, 21 ff.) und Boecker/Grewe (2020) kommen darüber hinaus zu dem Schluss, dass der Männeranteil in der Sozialen Arbeit steigt, je höher das Ausbildungsniveau und die Hierarchieebene werden. So sind vor allem in den Geschäftsführungen, Vorständen oder Aufsichtsräten noch immer besonders niedrige Frauenanteile festzustellen (AWO Bundesverband e.V. 2018, 56 ff.; Diakonie Deutschland 2019, 21 ff.; Stetter-Karp 2019, 2 ff.; Boecker/Grewe 2020, 46).

Beispielhaft können an dieser Stelle die Ergebnisse des 7. Genderberichts des Deutschen Caritasverbandes e.V. aufgeführt werden, aus dem ein Frauenanteil von 82,1 % der Beschäftigten hervorgeht, wohingegen dieser in den hauptamtlichen Vorständen und Geschäftsführungen lediglich mit 23 % zu verzeichnen ist (Stetter-Karp 2019, 2). Der AWO Bundesverband e.V. sowie die Diakonie Deutschland liefern ähnliche Zahlen (siehe Abb. 1 und Abb. 2).

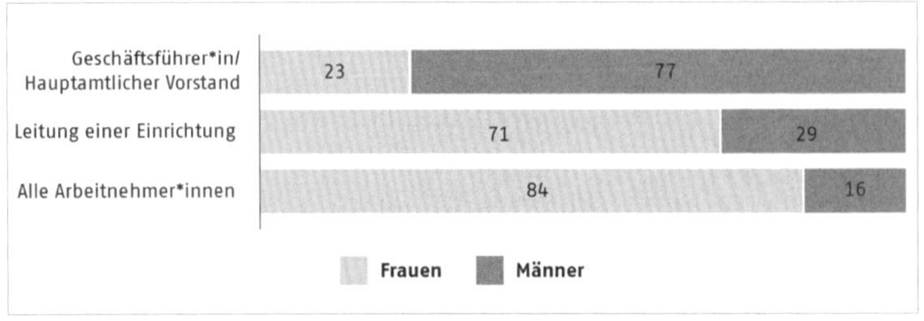

Abb. 1: Geschlechterverhältnisse in der AWO (entnommen aus: AWO Bundesverband e.V. 2018, 56).

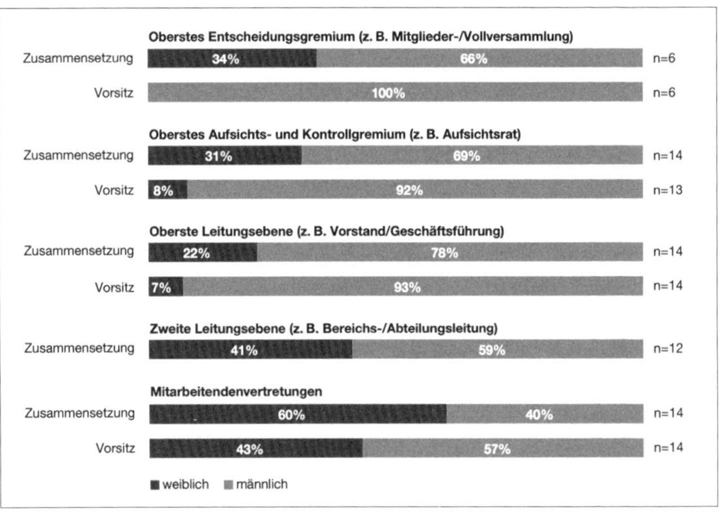

Abb. 2: Geschlechterverhältnisse in der Diakonie Deutschland (entnommen aus: Diakonie Deutschland 2019, 21).

Auch bei der Betrachtung der öffentlichen Träger, zum Beispiel der Jugendämter, kann ein hoher Frauenanteil unter den Beschäftigten festgehalten werden (Bundesarbeitsgemeinschaft Landesjugendämter 2020, 36). Abbildung 3 zeigt beispielhaft die Männer- und Frauenanteile auf Führungsebenen. Diese Daten beziehen sich jedoch auf die gesamte Stadt Dortmund, sodass eine Differenzierung nach den verschiedenen Arbeitsfeldern fehlt.

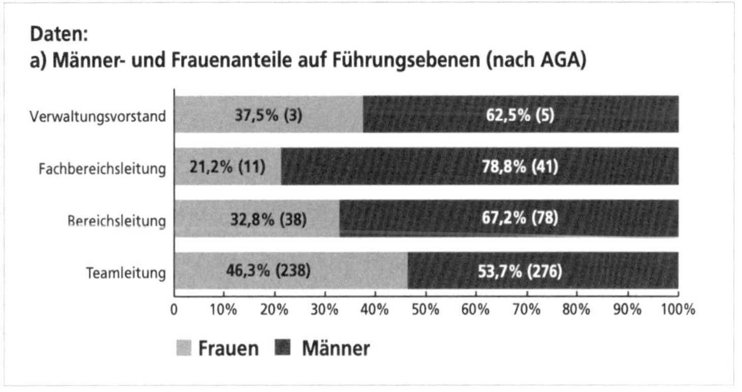

Abb. 3: Männer- und Frauenanteile auf Führungsebenen bei der Stadt Dortmund, erhoben nach den Allgemeinen Dienst- und Geschäftsanweisungen (AGA) (entnommen aus: Stadt Dortmund, Gleichstellungsbüro 2019, 36).

Die Frauenanteile in Leitungsebenen in der Sozialen Arbeit scheinen, im Vergleich mit anderen Branchen womöglich hoch und fortschrittlich. Beispielsweise liegt der Frauenanteil in Vorständen im Bereich der Banken in Deutschland im Jahr 2021 bei 13,2 % (Statista 2021a). In den DAX-Unternehmen beträgt der Frauenanteil in den Vorständen 17,5 % (Statista 2021b). Jedoch muss bedacht werden, dass der Frauenanteil unter den Beschäftigten in der Sozialen Arbeit im Vergleich zu anderen Branchen wesentlich höher ist (Boecker/Grewe 2020, 47). Darüber hinaus stehen Banken und DAX-Unternehmen nicht in dem Verdacht, sich auf ein

Gerechtigkeitsparadigma zu berufen, wie es die internationalen Verbände der Sozialen Arbeit tun.

1.3 Erklärungsversuche aus der bisherigen Forschung

Stellt man nun die Frage, wie die ungleichen Geschlechterverhältnisse in den Leitungspositionen zustande kommen, ergeben sich aus bisher vorhandenen Studien unter anderem die folgenden Erklärungsansätze.

Die Gläserne Decke

Hinsichtlich der ungleichen Aufstiegschancen von Frauen und Männern kann als erster Faktor und Erklärungsansatz das Phänomen der Gläsernen Decke aufgegriffen werden. Dieses Phänomen wurde 1987 zum ersten Mal von Morrison, White und van Velsor im Rahmen einer Studie belegt und beschreibt, dass Frauen auf dem Weg ihres beruflichen Aufstiegs an eine unsichtbare und unüberwindbare Gläserne Decke stoßen (Boecker/Grewe 2020, 46). Die Gründe für deren Vorhandensein können sich sehr unterschiedlich gestalten und in Wechselwirkung zueinanderstehen. So können beispielsweise männlich geprägte Netzwerke und Unternehmensstrukturen eine Ursache darstellen oder auch Stereotype, wenn zum Beispiel bei Frauen eine mangelnde Führungskompetenz angenommen oder ihnen vermeintlich „naturgegeben" die Qualifikation für Care-Arbeit und pflegerische Tätigkeiten zugeschrieben wird (Bereswill 2016, 18 ff.). Eine Studie des Bundesministeriums für Familie, Senioren, Frauen und Jugend (BMFSFJ) aus dem Jahr 2010 belegt ebenfalls, dass Frauen trotz hoher und gleicher Kompetenzen sowie Qualifikationen bei ihrem beruflichen Aufstieg ab der mittleren Leitungsebene oftmals an eine Gläserne Decke stoßen (BMFSFJ 2010, 9). Die Gläserne Decke führt dazu, dass sich ein sogenannter „inner circle" bildet, der für Frauen nicht oder nur schwer zugänglich ist und lediglich einem ausgewählten Personenkreis zur Verfügung steht (Sosa y Fink 2013, 58 ff.).

Stereotype in den Kompetenzzuschreibungen

Ein hinderlich wirkender Faktor beim beruflichen Aufstieg von Frauen sind außerdem Stereotype in den Kompetenzzuschreibungen. Es wird zum Beispiel oftmals von geschlechtsspezifischen Unterschieden im Leitungsverhalten und in den Leitungskompetenzen ausgegangen, obwohl diese faktisch nicht bestehen (Weinert 1990, 36 ff.; Wunderer/Dick 1997, 132; Merchel 2015, 75 ff.). Somit kann nicht angenommen werden, dass es einen speziellen weiblichen oder männlichen Führungsstil gibt oder dass grundlegende Unterschiede zwischen Frauen und Männern im Hinblick auf Leitungskompetenzen vorhanden sind. Die geschlechtsspezifischen Unterschiede entstehen vielmehr aus gesellschaftlichen Diskursen und kulturellen Erwartungen, die sich auch im Selbstbild der Personen im Sinne von „self-fulfilling prophecies“ widerspiegeln können (Sosa y Fink 2013, 44).

Die geschlechtsspezifischen Stereotype wirken auch insofern hemmend, als bei Frauen und Männern ein und dieselbe Verhaltensweise aufgrund von gesellschaftlichen Vorstellungen und Stereotypen womöglich unterschiedlich ausgelegt wird. Merchel (2015, 77) führt als Beispiel das Durchsetzungsvermögen auf: Bei einem Mann wird dies als Leitungskompetenz und als positive Eigenschaft bewertet, wohingegen eine Frau mit Durchsetzungsvermögen eher als aggressiv oder als streitsuchend wahrgenommen wird. Peus/Welpe beschreiben es daher als eine „Kunst“, die Frauen ausüben müssen, um „unabhängige und durchsetzungsfähige Führungskräfte zu sein und dabei gleichzeitig als sympathische Frauen, also empathisch und freundlich, wahrgenommen zu werden“ (Peus/Welpe 2011, 49).

Auch Aulenbacher/Riegraf (2010, 158 ff.) sowie Krell (2012, 28 ff.) und Müller (2016, 28 ff.) halten fest, dass Gender in organisationalen Zusammenhängen eine bedeutende Rolle spielt und beispielsweise geschlechtsspezifische Stereotype im Hintergrund von Organisationen wirken. Diese beeinträchtigen letztendlich den beruflichen Aufstieg von Frauen, wenn das Idealbild der Leitungskraft mit einem Mann verknüpft wird und geschlechtsspezifische Erwartungen an „weibliche Führung" hinsichtlich ihrer Kompetenzen bestehen (Müller 2016, 22).

Institutionelle Faktoren

Um Frauen hinsichtlich ihres beruflichen Aufstieges zu fördern, bedarf es bei den Trägern der Sozialen Arbeit Maßnahmen, um sich aktiv und kritisch mit der Rolle der Kategorie Gender im eigenen Arbeitsumfeld auseinanderzusetzen. Es müssen Strategien implementiert werden, um beispielsweise die obengenannten Stereotype und Denkmuster aktiv und kritisch zu hinterfragen (Boecker/Grewe 2020, 50). Peus/Welpe (2011, 48 ff.) sowie Sosa y Fink (2013, 56 ff.) gehen davon aus, dass auf der Ebene der Institution beziehungsweise des Systems ein Wirkungsgefüge besteht, das durch gesellschaftliche Diskurse bestimmt ist.

Darüber hinaus stehen Frauen, unter anderem aufgrund von unflexiblen Arbeitsmodellen und weiterhin vorhandenen tradierten Rollenbildern, immer noch vor der Wahl, ob sie Karriere machen oder eine Familie gründen möchten – nicht zuletzt aufgrund fehlender Betreuungsplätze und unbezahlter Care-Arbeit, welche als Zusatzbelastung in der Freizeit hinzukommt (BMFSFJ 2018, 8; Boecker/Grewe 2020, 49).

Individuelle Faktoren

Sosa y Fink (2013, 44) stellt fest, dass ein fehlendes Selbstvertrauen sowie eine sehr selbstkritische Haltung grundsätzlich ein Karrierehindernis darstellen, mit dem gerade Frauen zu kämpfen haben. Hier lässt sich eine Querverbindung zu den bereits angesprochenen „self-fulfilling prophecies" feststellen, die aufgrund von gesellschaftlichen Erwartungen und Rollenzuschreibungen das Selbstbild beeinflussen können.

Hinsichtlich des beruflichen Aufstiegs von Frauen in Leitungspositionen wird in der Literatur ebenfalls die Diskussion um Aufstiegskompetenzen sowie Leitungsmotivation von Frauen genannt. Hier spielen unter anderem die oben beschriebene Selbstdarstellung eine Rolle sowie die Risikobereitschaft und die Eigenständigkeit, den beruflichen Aufstieg selbst in die Hand zu nehmen und aktiv zu verfolgen (Kricheldorff/Schramkowski 2015, 7; Boecker/Grewe 2020, 51). Darüber hinaus weist eine Studie des Bundesministeriums für Bildung und Forschung (BMBF) im Jahr 2011 darauf hin, dass Frauen eher selbstkritisch auf ihre Aufstiegskompetenzen blicken und befürchten, den Anforderungen nicht gewachsen zu sein (BMBF 2011, 57 ff.). An dieser Stelle gilt es jedoch zu betonen, dass nicht davon ausgegangen werden darf, dass Frauen grundsätzlich weniger Aufstiegskompetenz oder Leitungsmotivation haben als Männer. Dies stellt eine stereotypisierende Verallgemeinerung dar und verfestigt nach Krell (2012, 24) Klischeevorstellungen.

Neben den genannten Faktoren kann außerdem aufgeführt werden, dass der berufliche Aufstieg von Frauen in der Sozialen Arbeit durch traditionelle, kirchliche Selbstverständnisse von Wohlfahrtsverbänden erschwert werden kann (Müller 2016, 42).

Der aufgezeigte Forschungsstand macht deutlich, dass es unumgänglich ist, die Kategorie Gender bei Fragen des Aufstiegs von Frauen in Führungspositionen zu berücksichtigen. Dies impliziert mindestens zwei Zielrichtungen: Zum einen zeigt sich ein klarer Forschungsbedarf, um Daten zu Geschlechterverhältnissen und Gender in der Sozialen Arbeit zu erheben, damit eine aktuelle Datengrundlage für die Analyse der bestehenden Ungleichheiten geschaffen werden kann. Zum anderen gilt es zu überprüfen, inwiefern die Kategorie Gender in der Sozialen Arbeit bei dem beruflichen Aufstieg von Frauen eine Rolle spielt und auf welche Weise geschlechtsspezifische Faktoren wirken.

2. Gender als Kategorie sozialer Ungleichheit in der Sozialen Arbeit

Die Kategorie Gender kann auf unterschiedliche Weise gelesen und interpretiert werden. Dabei gilt es hinzuzufügen, dass sich die verschiedenen theoretischen Überlegungen oftmals nicht trennscharf voneinander abgrenzen lassen (Ehlert 2010, 46; Tuider 2014, 138).

Einer der unserer Studie zugrunde liegenden Ansätze ist der Ansatz des „Doing Gender". Deshalb sprechen wir vorzugsweise von der „Kategorie Gender" und nicht von der „Kategorie Geschlecht". Unter dem Begriff Gender wird das sozial konstruierte, interaktiv hergestellte Geschlecht verstanden, mit dem Rollenzuschreibungen, Strukturen, Stereotype, kulturelle Vorstellungen und Geschlechternormen einhergehen (Ehlert 2010, 46; Müller 2016, 32 ff.). Spricht man von Gender, so wird also angenommen, dass das Geschlecht interaktiv durch Handlungen, Normen und soziale Prozesse konstruiert und hergestellt wird. Dieser Prozess wird als „Doing Gender" bezeichnet – eine Bezeichnung, die durch Candace West und Don Zimmermann geprägt wurde (Bronner/Paulus 2017, 73). Daraus ergibt sich die Unterscheidung zwischen dem biologischen Geschlecht, Sex, und dem sozial konstruierten Geschlecht, Gender (Butler 1991; Bereswill 2016, 28; Bronner/Paulus 2017, 73).

Ausgehend von der Unterscheidung zwischen Sex und Gender können Differenzen zwischen Geschlechtern und unterschiedliche Hierarchieebenen als veränderbar angesehen werden, da sie jenseits biologischer Aspekte begründet werden können (Bronner/Paulus 2017, 73 ff.). Je nach der Geschlechterzugehörigkeit ergeben sich unter anderem unterschiedliche Ressourcenzugänge, verschiedene gesellschaftlich definierte Normvorstellungen,

Machtverhältnisse und Sozialisationsbedingungen (ebd.). So kann auch für die Profession der Sozialen Arbeit festgestellt werden, dass sich in ihrer Berufspraxis Wechselwirkungen zwischen Gender und Arbeit ergeben, indem beispielsweise immer noch gesellschaftlich konstruierte Vorurteile bestehen, dass Frauen und Männer anders leiten oder Frauen keine Leitungspositionen einnehmen wollen würden (siehe Kap. 1.3; Sosa y Fink 2013, 50 ff.; Bereswill 2016, 27 ff.). Indem Frauen zum Beispiel eher die Care-Arbeit und Männern die obersten Leitungspositionen zugeschrieben werden, werden auch in der Sozialen Arbeit soziale Ordnungen und Hierarchien hergestellt, die auf Konstruktionen von Männlichkeit und Weiblichkeit basieren (Bereswill 2016, 27 ff.).

Eine weitere, dem Doing Gender vorausgehende, theoretische Auslegung kann unter dem Begriff „Differenzparadigma“ zusammengefasst werden. Durch das Differenzparadigma manifestiert sich eine angenommene Zweigeschlechtlichkeit, also eine Unterteilung von Menschen in Mann und Frau (Bronner/Paulus 2017, 71). Nach Bronner und Paulus ist die Kategorie Gender „von festsitzenden Alltagstheorien über die Unterschiede zwischen Männern und Frauen gekennzeichnet“ (ebd.). Dies bedeutet, dass innerhalb von Gesellschaften und Kulturen bestimmte Vorstellungen, Regeln und Normen konstruiert werden, wie Geschlechterrollen festzulegen und auszugestalten sind, wie sich Männlichkeit und Weiblichkeit äußern und was die beiden Gruppen voneinander unterscheidet.

Gender kann außerdem als Strukturkategorie bezeichnet werden, welche durch unterschiedliche Geschlechterverhältnisse die gesellschaftliche Ordnung prägt und zu unterschiedlichen Lebensbedingungen führt (Brückner 2001, 15 ff.; Ehlert 2010, 46 ff.; Ehlert 2012, 14 ff.). Auch in der modernen Gesellschaft in Deutschland ist die Geschlechterordnung immer noch patriarchalisch aufgebaut (Ehlert 2012, 14 ff.).

Durch Normvorstellungen, unterschiedliche Machtverhältnisse sowie durch angenommene Geschlechterdifferenzen und soziale Zuschreibungsprozesse ist die Kategorie Gender aus subjekttheoretischer Sicht gleichzeitig auch eine Konfliktkategorie (Ehlert 2012, 30 ff.). Dabei wird angenommen, dass Individuen die Zuschreibungen und sozialen Erfahrungen hinsichtlich ihres biologischen oder sozial konstruierten Geschlechts unterschiedlich verarbeiten. Dadurch können beispielsweise in der Selbstverortung und in den eigenen Vorstellungen im Hinblick auf gesellschaftliche Erwartungen Konflikte auftreten. Gender impliziert also auch immer eine eigene Entwicklungsleistung sowie Spannungen, die unterschiedlich bewältigt werden (ebd.).

3. Soziale Arbeit als Frauenberuf? Professionsgeschichte und Selbstverständnis

Eine zentrale Rolle für die Professionalisierung und die Kategorie Gender in der Sozialen Arbeit spielte unter anderem die Frauenbewegung im 19. und beginnenden 20. Jahrhundert (Notz 2009, 91 ff.; Wagner 2009, 9 ff.; Wagner/Wenzel 2009, 22; Wendt 2017, 427 ff.). Frauen aus dem Bürgertum kämpften dafür, dass Frauenrechte als Menschenrecht angesehen werden. Sie setzten sich für mehr politische und gesellschaftliche Gleichberechtigung ein und gingen schließlich die ersten Schritte in Richtung Professionalisierung der Sozialen Arbeit, beispielsweise mit der Gründung von Ausbildungsstätten durch Jeanette Schwerin und Alice Salomon (Notz 2009, 91 ff.; Wagner/Wenzel 2009, 23). Die Soziale Arbeit erlangte im Laufe der Zeit zunehmend staatliches Interesse, welches sich zum Beispiel an einer für Soziale Frauenschulen entwickelten Prüfungsordnung sowie einer erhöhten Nachfrage nach qualifizierten Fürsorgerinnen zeigte (Wagner/Wenzel 2009, 23 ff.).

„Geistige Mütterlichkeit"

In diesem Kontext entstand das Leitkonzept der „geistigen Mütterlichkeit", welches den Anspruch von Frauen auf Partizipation und Teilhabe am Berufsleben darauf gründete, dass Frauen von Natur aus besonders für die Soziale Arbeit geschaffen seien (Ehlert 2010, 48 ff.; Schmidbaur 2010, 20). Das Konzept geht somit von einer „natürlichen" Geschlechterdifferenz zwischen Mann und Frau aus und wird daher auch in der wissenschaftlichen Fachliteratur als „konservative Emanzipation" betitelt (Wagner/Wenzel 2009, 35; Schmidbaur 2010, 24; Wendt 2017, 436). Es bildet folglich den dominanten gesellschaftlichen Diskurs der Geschlechterdifferenz zwischen Mann und Frau ab, weshalb es als hinderlich und widersprüchlich für die Professionalisierung eingeordnet wird. Das Konzept der „geistigen Mütterlichkeit“ wird als Hintergrund dafür angesehen, dass die Soziale Arbeit ein Image als „Frauenberuf“ erhalten hat, welches sie bis heute noch nicht vollends losgeworden ist (Bereswill/Stecklina 2010, 11; Wendt 2017, 462).

Neue Frauenbewegung

Im Rahmen der Neuen Frauenbewegung entstanden in den 1970er-Jahren verschiedene Hilfsangebote für Frauen, beispielsweise Frauenhäuser, Frauentreffs und Hilfsangebote für Prostituierte. Das Berufsfeld der Sozialen Arbeit wuchs somit im Rahmen der Neuen Frauenbewegung und differenzierte sich immer weiter aus. Soziale Problemlagen und Bedürfnisse wurden erkannt und in verschiedene professionelle Arbeitsbereiche übersetzt (Wagner/Wenzel 2009, 53 ff.).

Die Soziale Arbeit bringt folglich viel emanzipatorisches Potenzial mit sich, gleichzeitig reproduzieren sich jedoch dominante Diskurse zu Geschlechterverhältnissen und Konstruktionen von Mütterlichkeit und Fürsorglichkeit (Ehlert 2010, 44; Boecker/Grewe 2020, 48). Dieser offensichtliche Widerspruch bleibt nicht ohne Folgen für den Professionsdiskurs.

Soziale Arbeit als Gerechtigkeitsprofession

Aus Sicht der Berufsverbände Sozialer Arbeit bilden der Einsatz für soziale Gerechtigkeit und für Menschenrechte die ethisch-normative Grundlage des Professionsverständnisses. So legt die Definition des Deutschen Berufsverbandes für Soziale Arbeit e.V. (DBSH) fest, dass die Soziale Arbeit an Strukturen ansetzen muss, damit sich Lebenslagen und Chancengleichheiten verbessern. Hier setzt auch die internationale Definition Sozialer Arbeit an:

> „Social work is a practice-based profession and an academic discipline that promotes social change and development, social cohesion, and the empowerment and liberation of people. [...] Underpinned by theories of social work, social sciences, humanities and indigenous knowledge, social work engages people and structures to address life challenges and enhance wellbeing" (IFSW/IASS 2014).

Dieses Professionsverständnis zeigt umso mehr, dass die Profession der Sozialen Arbeit auch gegenüber den eigenen Fachkräften und Leitungskräften eine große Verantwortung hat, strukturelle Missstände des Geschlechterverhältnisses in den Blick zu nehmen, damit die Soziale Arbeit auch für ihre Professionsangehörigen den eigenen Ansprüchen als Gerechtigkeitsprofession gerecht wird.

4. Qualitative Befragung von Leitungskräften

4.1 Leitung in der Sozialen Arbeit

Bevor wir auf die qualitative Untersuchung zur Rolle der Kategorie Gender im Hinblick auf den beruflichen Aufstieg von Frauen in Leitungspositionen in der Sozialen Arbeit eingehen, geben wir eine kurze Definition von Leitung in der Sozialen Arbeit: Wieso ist Leitung in der Sozialen Arbeit überhaupt wichtig und welche Anforderungen gehen mit dieser Funktion einher?

Soziale Arbeit impliziert ein organisiertes Handeln, welches an einem gesellschaftlichen Auftrag und sozialen Problemlagen ausgerichtet ist (Merchel 2015, 7). Sie muss diesbezüglich zielorientiert handeln, die Mitglieder einer Organisation müssen aufeinander abgestimmt werden und sich in ihrem Handeln aufeinander beziehen. Die Organisation muss außerdem in Interaktion mit ihrer Umwelt treten, sich nach außen repräsentieren und ihre Ressourcen sichern können.

Damit all diese Aspekte gewährleistet werden können, bedarf es einer personenbezogenen Steuerung der Organisation durch Leitungskräfte, welche die genannten Aufgaben umsetzen und dabei die Gestaltung der Organisations- und Kommunikationsstrukturen sowie die Festlegung von Handlungs- und Arbeitsabläufen übernehmen (ebd.). Gleichzeitig ist die personenbezogene Steuerung eine zentrale Aufgabe von Leitung, bei der es unter anderem um das Einwirken auf Gruppendynamiken, das Gestalten von personellen Ressourcen sowie um die Teamentwicklung geht (Biesenkamp/Merchel 2007, 7 ff.; Kleinert et al. 2007, 25 ff.; Merchel 2015, 8 ff.). Der Leitung einer Organisation kommt somit eine hohe Bedeutung zu. In der Fachdiskussion wird meist zwischen den folgenden Leitungsebenen unterschieden: Teamleitung, Abteilungsleitung, Bereichsleitung und Gesamtleitung beziehungsweise Geschäftsführung. Allerdings variieren diese Einteilungen je nach öffentlichem oder freiem Sozialleistungsträger und dessen Aufbau- und Ablauforganisation. Darüber hinaus spielt die Anzahl der Mitarbeitenden eine zentrale Rolle.

4.2 Methodisches Vorgehen

Um die Bedeutung der Kategorie Gender für den beruflichen Aufstieg von Frauen in Leitungspositionen in der Sozialen Arbeit herauszuarbeiten, wurde dieser empirischen Untersuchung eine qualitative Einzelfalluntersuchung zugrunde gelegt, bei der die subjektiven Erfahrungen und Sichtweisen von Leitungskräften in den obersten Leitungsebenen bezüglich ihres eigenen beruflichen Aufstiegs in den Fokus gerückt werden. Durch die qualitative Einzelfalluntersuchung ist die Erhaltung der Ganzheit und der Komplexität des Einzelfalls möglich, sodass der vielschichtigen Fragestellung nach der Kategorie Gender und den unterschiedlich zu betrachtenden Wirkungsebenen gerecht werden kann (Flick 2016, 22 ff.; Mayring 2016, 24 ff.). Es handelt sich um eine Querschnittserhebung, welcher ein reaktives Verfahren zugrunde liegt (Mayring 2016, 24 ff.). Für die gesamte Untersuchung gelten die Grundsätze der qualitativen Sozialforschung (Mayring 2016, 19 ff.).

Sampling

> „Überall, wo Macht vorhanden ist und ausgeübt wird, sind Frauen in der Minderzahl oder überhaupt nicht präsent. Überall sind die niederen Positionen auf die Geschlechter gleich verteilt oder vorrangig von Frauen besetzt. Je höher man in der Hierarchie aufsteigt, desto geringer ist der Frauenanteil“ (Schülein 2007, 33).

Der berufliche Aufstieg wird für Frauen umso schwieriger, je höher die Leitungsebene innerhalb einer Organisation angesiedelt ist (siehe Kapitel 1.2). Deshalb war es im Rahmen der Studie wichtig, das Sampling (also die Auswahl der Interviewpartner/innen) vor allem auf die obersten Leitungsebenen der Sozialen Arbeit zu fokussieren. Aufgrund der hohen Bandbreite an freien und öffentlichen Trägern der Sozialen Arbeit richtet sich der Blick dieser Studie beispielhaft auf freie und öffentliche Leistungsträger in Nordrhein-Westfalen (NRW). Auf die Nennung der konkreten Orte wird aus datenschutzrechtlichen und forschungsethischen Gründen verzichtet. Mit der Auswahl von Leitungskräften der freien und öffentlichen Leistungsträger soll sichergestellt werden, dass sich ein möglichst vielseitiges Bild durch die Forschung ergibt. Zudem wurden drei Männer und drei Frauen befragt, um mögliche Unterschiede und Gemeinsamkeiten in ihrem beruflichen Aufstieg aufzeigen und damit die Rolle der Kategorie Gender näher erfassen zu können.

In das Sampling aufgenommen sind drei Geschäftsleitungen aus jeweils verschiedenen Wohlfahrtsverbänden sowie eine Geschäftsleitung von einem weiteren freien Träger der Sozialen Arbeit, welcher nicht den Spitzenverbänden der freien Wohlfahrtspflege zugeordnet werden kann. Ein weiteres Interview fand mit der Geschäftsleitung eines öffentlichen Trägers der Sozialen Arbeit statt. Ebenso wurde ein Interview mit einer Fachbereichsleitung innerhalb eines weiteren Wohlfahrtsverbandes geführt. Die befragten Personen besetzen ihre aktuelle Leitungsposition in einer Zeitspanne zwischen einem Jahr und elf Jahren. Die drei Geschäftsleitungen der Wohlfahrtsverbände sind im Durchschnitt für ca. 1.500 Mitarbeitende verantwortlich. Die Geschäftsleitung des öffentlichen Trägers ist für rund 800 Mitarbeitende zuständig, die Fachbereichsleitung eines Wohlfahrtsverbandes für ungefähr 500 Mitarbeitende. Die Geschäftsleitung des freien Trägers, welcher nicht den Spitzenverbänden zugeordnet werden kann, ist für 330 Mitarbeitende verantwortlich.

Forschungsmethode: Problemzentriertes Expert/inneninterview

Für diese Untersuchung wurde als Forschungsmethode das problemzentrierte Expert/inneninterview angewandt. Darin sollen die zu befragenden Personen möglichst frei zu Wort kommen und das Interview soll einem offenen Gespräch entsprechen (Witzel 2000, 228 ff.; Mayring 2016, 67 ff.). Gleichzeitig liegt eine inhaltliche Zentrierung durch eine bestimmte Problemstellung vor, in diesem Fall handelt es sich um die Rolle der Kategorie Gender für den beruflichen Aufstieg von Frauen in Leitungspositionen der Sozialen Arbeit. Im Laufe des Interviews ist durch die Interviewerin immer wieder auf diese zentrale Problemstellung zurückgelenkt worden (Witzel 2000, 230; Mayring 2016, 67).

Um einen guten Überblick über die inhaltlichen Schwerpunkte im Zuge der Problemstellung sicherstellen zu können, wurde ein Leitfaden mit passenden Fragen und Erzählimpulsen erstellt. Im Rahmen der Interviews sollten die Leitungskräfte aus den obersten Geschäftsebenen als Expert/innen den Raum erhalten, über ihren eigenen beruflichen Aufstieg, ihre aktuelle berufliche Situation sowie ihr Leitungsverständnis zu sprechen, damit Faktoren ausfindig gemacht werden können, welche die vergangenen Karriereschritte sowie den Status quo geschlechtsspezifisch beeinflussen.

Datenerhebung

Im Sinne der zugrunde liegenden Forschungsethik wurden die Interviewpartner/innen durch ein Informationsschreiben ausreichend über Ziel und Zweck der Forschung in Kenntnis gesetzt.

Darüber hinaus wurden sie über den Datenschutz sowie über den Vorgang der Transkription informiert.

Aufgrund der Covid-19-Pandemie und der bestehenden Hygiene- und Sicherheitsregeln des Landes NRW wurden fünf der sechs Interviews digital durchgeführt. Ein Interview konnte vor Ort in einem Besprechungsraum unter Einhaltung der geltenden Hygieneregelungen durchgeführt werden. Alle Interviews verliefen zum Großteil ungestört. Es wurde ein Zeitrahmen von 60 bis 90 Minuten angesetzt und im Zuge der Terminabsprache kommuniziert, wobei für ein Interview nur ein Umfang von 30 Minuten möglich war. Der zeitliche Rahmen konnte insgesamt bei allen Interviews eingehalten werden.

Datenauswertung

Die Daten wurden mit der qualitativen Inhaltsanalyse nach Mayring ausgewertet. Die qualitative Inhaltsanalyse zielt auf eine systematische Untersuchung und Analyse von Texten ab, in dem ein Kategoriensystem entwickelt wird, welches auf den bisher erarbeiteten Theorien basiert (Mayring 2015, 12 ff.; Mayring 2016, 114 ff.). Im Fall der vorliegenden Arbeit handelt es sich bei dem Schwerpunkt um die Rolle der Kategorie Gender für den beruflichen Aufstieg von Frauen in Leitungspositionen in der Sozialen Arbeit. Erste theoretische Anknüpfungspunkte für die Rolle der Kategorie Gender haben sich bereits aus der Professionsgeschichte und dem Selbstverständnis der Sozialen Arbeit ergeben (siehe Kapitel 3).

Um eine weitere Grundlage für die Auswertung der Daten zu schaffen, müssen diese im Vorfeld aufbereitet werden, da nach Kleemann et al. (2013, 31 ff.) die Datenanalyse von der Qualität der empirischen Daten abhängt. Folglich wurde das Audiomaterial in schriftliche Transkripte umgewandelt. Hinsichtlich der Transkriptionsregeln wurde sich in dieser Untersuchung an Kleemann et al. (2013, 28 ff.) sowie an Kuckartz (2016, 107 ff.) orientiert und ein einfaches Transkriptionssystem gewählt.

4.3 Diskussion der Ergebnisse

Für die Datenauswertung wurden im Sinne der qualitativen Inhaltsanalyse insgesamt vier deduktive Hauptkategorien gebildet. Die Ergebnisse der unterschiedlichen Kategorien werden im Folgenden dargestellt. An dieser Stelle ist anzumerken, dass sich aufgrund der Komplexität der Problemstellung die Kategorien nicht immer trennscharf voneinander unterscheiden lassen und einige Aussagen und Daten nicht nur zu einer Kategorie zugeordnet werden können, sondern verschiedene Bedeutungsebenen aufweisen.

4.3.1 Beruflicher Werdegang

Wirft man einen Blick auf die Grundausbildung der Leitungskräfte, so zeichnet sich folgendes Bild ab: Die drei weiblichen Leitungskräfte haben in ihrer Grundausbildung ein Studium oder eine Ausbildung im sozialen Bereich absolviert. Befragt man die männlichen Leitungskräfte nach ihrem beruflichen Werdegang, so wird hinsichtlich ihrer Grundausbildung eine größere Bandbreite an Wegen deutlich, die in zwei von drei Fällen nicht im sozialen Bereich beginnen. Alle sechs Leitungskräfte verfügen über mehrjährige Berufserfahrungen in der Praxis der Sozialen Arbeit und haben vor ihrer Leitungstätigkeit an der Basis gearbeitet sowie Leitungsaufgaben auf den Ebenen unterhalb der Geschäftsführung übernommen. Von den sechs befragten Personen berichten drei über ehrenamtliche Tätigkeiten in verschiedenen Wohlfahrtsverbänden vor ihrer Leitungstätigkeit, wobei alle drei männlich sind.

Hinsichtlich der Berufserfahrungen an der Basis der Sozialen Arbeit kann somit konstatiert werden, dass diesen ein hoher Stellenwert für den weiteren beruflichen Werdegang und die späteren Leitungstätigkeiten zugeschrieben wird. Insgesamt zeigt sich hier, dass eine langjährige Praxiserfahrung in Feldern der Sozialen Arbeit unabhängig von der Kategorie Gender eine wichtige Voraussetzung für den beruflichen Aufstieg bildet. Da die weiblichen Leitungskräfte alle eine Grundausbildung im sozialen Bereich vorweisen können, besteht jedoch ein größerer Umfang an spezifischer Berufserfahrung. Es zeigen sich folglich geschlechtsspezifische Unterschiede, indem Frauen ihren Qualifikationsweg für die Leitungsfunktion beginnend bei einer Grundausbildung in der Sozialen Arbeit bestritten haben, während die männlichen Kollegen schneller in eine höhere Qualifikationsebene in der Sozialen Arbeit einsteigen.

Blickt man auf die Komponente des Ehrenamtes, so wird dieses lediglich von den Männern thematisiert. In allen Fällen wird erläutert, dass dies ein zentraler beruflicher Meilenstein war, durch den das Interesse für das Berufsfeld erweitert wurde und Kontakte, welche für den beruflichen Aufstieg hilfreich waren, geknüpft werden konnten. Es kann an dieser Stelle die Frage gestellt werden, aus welchen Gründen die Frauen möglicherweise keinem Ehrenamt nachgegangen sind, wenn doch darin ein wichtiger Meilenstein zu liegen scheint. Wer ein Ehrenamt ausübt, hat automatisch weniger Zeit für andere Dinge, vor allem mit Blick auf die Vereinbarkeit von Beruflichem und Privatem. Es bleibt somit offen, ob hier eventuell Schnittstellen zu Rollenbildern und gesellschaftlichen Strukturen bestehen.

4.3.2 Einflussfaktoren für den beruflichen Aufstieg

Im Folgenden sollen institutionelle, individuelle sowie strukturelle und gesellschaftliche Faktoren betrachtet werden, die jeweils den Karriereweg von Frauen förderlich oder hemmend beeinflussen können und geschlechtsspezifisch in der Sozialen Arbeit auftreten.

Institutionelle Faktoren

Es lassen sich insbesondere drei Aspekte herausheben: Entscheidungsträger/innen und Netzwerke scheinen eine große Bedeutung für den beruflichen Aufstieg von Frauen zu spielen, ebenso wie das Leitbild und die Führungskultur des Trägers. Wie nicht anders zu erwarten war, ist auch die Vereinbarkeit von Familie und Beruf ein bedeutender Indikator.

Befragt man die Leitungskräfte danach, was ihnen dazu verholfen hat, die aktuelle Leitungsfunktion zu erlangen, berichten alle Interviewpartner/innen von unterschiedlichen Entscheidungsträger/innen und Netzwerkpartner/innen. Die Befragte B1 erläutert, dass ihre damalige Vorsitzende in dem Wohlfahrtsverband eine Fürsprecherin für sie war:

> *(...) also unsere Vorsitzende zur damaligen Zeit, [Name], [Name Wohlfahrtsverband]-Vorsitzende, hat sich ganz stark dafür gemacht, dass Frauen in Führungspositionen kommen und hat auch dem damaligen Geschäftsführer [Name] immer auf die Füße getreten und hat eben gesagt: „Hier, lass deine Frauen nicht gehen oder hol sie wieder zurück" (...). Und ich glaube auch, also ohne das, bin ich mir nicht sicher, ob ich da gelandet wäre, wo ich jetzt gelandet bin* (Int. 1, Z. 193–197).

Auch die Geschäftsführerin B2 stellt die zentrale Bedeutung von Netzwerken und Entscheidungsträger/innen heraus, da man als Frau aufgrund von männlich geprägten Netzwerken grundsätzlich Nachteile habe (Int. 2, Z. 212–215). Die männlichen Leitungskollegen berichten ebenfalls von Fürsprecher/innen und Netzwerkpartner/innen auf ihrem beruflichen Weg in die Leitungsposition. Im Vergleich zu den Berichten der drei weiblichen Leitungskräfte werden in ihren Interviews jedoch keine Zugangsbarrieren zu Netzwerken oder die Zusammenstellung der genutzten Netzwerke thematisiert. Es scheint somit insofern notwendig für Frauen zu sein, Fürsprecher/innen und Netzwerke zu haben, als gerade in den Wohlfahrtsverbänden immer noch die entscheidenden Netzwerke männlich besetzt sind, zu denen kein selbstverständlicher Zugang besteht (BMFSFJ 2010, 17; Sosa y Fink 2013, 58).

Der berufliche Aufstieg in eine Leitungsposition hängt außerdem von dem Leitbild und der bestehenden Führungskultur der jeweiligen Träger ab. B1 und B3 betonen, dass die Gleichstellung von Frauen ein erklärtes Ziel von oben sein müsse. Die Interviewpartner/innen B1, B5 und B6 benennen eine ausschließlich männlich geprägte Führungskultur als hinderlichen Faktor für den beruflichen Aufstieg von Frauen in eine Leitungsposition.

Hinsichtlich der Rolle der Kategorie Gender für den beruflichen Aufstieg von Frauen lässt sich ableiten, dass geschlechtsspezifische Nachteile entstehen können, wenn das Führungsverständnis nicht vielfaltssensibel ist und die Organisation sowie ihre Kultur durch die obersten Leitungskräfte nicht im Sinne von Geschlechtergerechtigkeit und Chancengleichheit weiterentwickelt werden (AWO Bundesverband e.V. 2018, 26; Diakonie Deutschland 2019, 75 ff.).

In den Interviews werden als förderliche Faktoren für den beruflichen Aufstieg vor allem Strategien zur Vereinbarkeit von Familie und Beruf angesprochen. Die befragte B6 erklärt in diesem Zuge, dass eine Arbeitszeitreduzierung kein Problem darstelle, jedoch in ihrer Position einer Amtsleiterin schwierig sei. Dennoch denkt sie:

> *Also junge Fachkräfte, die Führungskräfte gerne werden wollen, und das ist ja meistens so, dann sind ja die Kinder noch klein, man beginnt ja nicht mit der Amtsleitung. Und dann ist das alles, das geht alles. Überhaupt kein Problem* (Int. 6, Z. 386–389).

Daraus kann abgeleitet werden, dass die Barrieren mit Blick auf die Vereinbarkeit von Familie und Beruf für Frauen steigen, je höher die berufliche Position angesiedelt ist. Wenn man nicht mit der Amtsleitung beginne, sei die Vereinbarkeit von Familie und Beruf hingegen einfacher. Mit Ausnahme von Experte B5 wird zum Thema der Vereinbarkeit von Familie und Beruf ausschließlich von weiblichen Mitarbeiterinnen berichtet. Dies überrascht ebenfalls nicht und deutet darauf hin, dass die Vereinbarkeit von Familie und Beruf immer noch eher ein geschlechtsspezifischer Faktor hinsichtlich des beruflichen Aufstiegs von Frauen in der Sozialen Arbeit ist (Peus/Welpe 2011, 50; Kricheldorff/Schramkowski 2015, 7; BMFSFJ 2018, 9 ff.; Boecker/Grewe 2020, 48).

Zusammenfassend können wir konstatieren: Gender wirkt mit Blick auf die Netzwerke, die Führungskulturen sowie die Thematik der Vereinbarkeit von Familie und Beruf auf der institutionellen Ebene deutlich als Strukturkategorie.

Individuelle Faktoren

Auch individuelle Faktoren sind wichtig für den beruflichen Aufstieg. Dies betrifft insbesondere Aspekte wie Leitungspersönlichkeit und Aufstiegskompetenzen.

In allen Interviews werden das eigene Engagement sowie der Blick über den Tellerrand als förderliche Eigenschaften für Leitung benannt. In fünf von sechs Interviews werden außerdem das Selbstbewusstsein und das Reflexionsvermögen als wichtige Persönlichkeitsmerkmale angegeben. Sprechen die Leitungskräfte das Selbstbewusstsein als wichtige Leitungseigenschaft an, so zeigt sich dieses auch in ihren Selbstbeschreibungen. Als Beispiel kann Interviewpartnerin B1 genannt werden:

> *Und da hilft tatsächlich auch nur das, was ich schon gesagt habe, sich über sich selber sehr bewusst sein und sich selber zum Maßstab zu nehmen. Also selber für sich zu sagen: „Ich weiß, was ich kann, und ich weiß, dass das, was ich kann, gut ist für das Unternehmen […]* (Int. 1, Z. 184–187).

Die Befragte B6 erklärt ebenfalls selbstbewusst:

> *Und da glaube ich einfach, dass ich viel bewegen kann und das ist mein Motor und ich glaube einfach, dass ich da gute Ideen habe, und da bin ich fachlich von mir überzeugt, ehrlich gesagt (lacht)* (Int. 6, Z. 515–517).

Als weitere förderliche Eigenschaft wird von zwei der drei weiblichen Leitungskräfte die Fehlerfreundlichkeit mit sich selbst benannt. Von den drei männlichen Befragten benennt B3 ebenfalls die Fehlerfreundlichkeit als wichtige Eigenschaft. Ein hoher Perfektionismus und ein häufiges Kontrollbedürfnis wirkten sich hingegen hemmend aus. Die Befragte B6 erklärt zum Perfektionismus konkret in Bezug auf Frauen:

> *[...] also Frauen sagen ganz oft: „Ich habe so einen hohen Anspruch", da sage ich immer: „Schmarren mit Soße", was soll das. Natürlich haben wir alle hohe Ansprüche, wir wollen gut arbeiten. Aber wenn wir darunter leiden, dass wir nicht das umsetzen können, was wir idealtypisch finden, dann muss man sagen, dann müssen wir, Führungskräfte müssen Entwicklerinnen sein. Wir müssen unsere Mitarbeiterschaft und unsere Organisation entwickeln, um diesen hohen Anspruch zu erreichen. Aber ich kann nicht sagen, ich habe den hohen Anspruch und wenn ich das nicht schaffe, bin ich ganz im Selbstzweifel und ganz traurig und ganz betroffen* (Int. 6, Z. 182–189).

Die bis hierhin geschilderten förderlichen Persönlichkeitsmerkmale für Leitung verdeutlichen: Ein mangelndes Selbstbewusstsein und eine zu selbstkritische Haltung erschweren den beruflichen Aufstieg. Aufgrund der Selbstbeschreibungen und der Schilderungen zum Thema Selbstbewusstsein zeigt sich jedoch, wie schon von Wunderer/Dick (1997, 132) festgestellt, dass keine grundsätzlichen Unterschiede zwischen Männern und Frauen in Bezug auf Leitungspersönlichkeiten festgemacht werden können. In zwei von drei Berichten der weiblichen Leitungskräfte wird dennoch in Bezug auf Frauen thematisiert, dass die Fehlerfreundlichkeit sich selbst gegenüber wichtig sei. Expertin B6 bezieht sich ebenfalls direkt auf Frauen, die sich damit schwerer täten. Es gibt also zahlreiche Indizien dafür, dass Gender beim beruflichen Aufstieg von Frauen eine Rolle spielt, insbesondere dann, wenn Frauen eine selbstkritische Haltung in ihr Selbstbild integriert haben und sehr hohe Ansprüche anlegen (Sosa y Fink 2013, 61). Dass es sich hierbei um ein Thema weiblicher Fachkräfte handelt, ist jedoch nicht an den Individuen festzumachen. Es verdeutlicht vielmehr, welche Wirkungsmacht gesellschaftliche Strukturen und Rollenerwartungen auf die Entwicklung von Menschen haben und dass genau an diesen Strukturen angesetzt werden muss, damit Gender aufgrund von Zuschreibungsprozessen und diktierter Normvorstellungen nicht als Konfliktkategorie wirkt (siehe Kapitel 2; Peus/Welpe 2011, 47 ff.; Sosa y Fink 2013, 61 ff.).

Auch der Wunsch nach Anerkennung durch Mitarbeiter/innen wird im Kontext der Leitungseigenschaften angesprochen. Eine der weiblichen Geschäftsleiterinnen berichtet, dass sie unter Konstellationen wie Gehaltsverhandlungen oder der Aufteilung von Arbeitsmaterial und Arbeitszeiten „unverhältnismäßig stark" leide, weil sie versuche, Antworten zu finden und Zufriedenheit für alle zu schaffen, was jedoch nicht möglich sei (Int. 1, Z. 536–542). Interviewpartner B3 berichtet hingegen, dass er von niemandem gemocht werden müsse (Int. 3, Z. 432–436). Auch Geschäftsführerin B6 hält diesbezüglich fest, dass man als Führung nicht geliebt werde und dass man sich die Frage stellen müsse, ob man diese Rolle einnehmen wolle. Die Ausführungen von Peus/Welpe (2011, 49), dass es für Frauen schwierig sein kann, sich durchsetzungsfähig und gleichzeitig beliebt sowie sympathisch zu zeigen, könnten die hier zitierten Aussagen ebenfalls unterstreichen. So kommt es in der Praxis der Sozialen Arbeit ebenfalls vor, dass Frauen versuchen, das gesellschaftlich zugeschriebene Bild von Empathie und Freundlichkeit zu erfüllen. Gleichzeitig werden sie mit den Anforderungen an Leitung konfrontiert, auch konfliktbegründende und schwierige Nachrichten überbringen zu müssen, und damit, die Rollenerwartungen der Außenstehenden nicht erfüllen zu können (Dobner 2001, 65 ff.; Gmür 2004, 414; Peus/Welpe 2011, 49; Merchel 2015, 77). Hier wird erneut deutlich, dass die individuellen Faktoren für den beruflichen Aufstieg von

Frauen in Leitungspositionen mit den strukturellen und gesellschaftlichen Faktoren verflochten sind. Sie bedingen sich gegenseitig beziehungsweise reproduzieren vorherrschende Narrative.

Ein weiterer benannter Faktor für den beruflichen Aufstieg sind die Aufstiegskompetenzen. Expertin B2 schildert hierzu:

> *Also Frauen brauchen nochmal eine ganz andere Ansprache, um in Führungspositionen, also das ist so der Klassiker. Das erlebe ich ja auch hier in der Personalbewirtschaftung, oder wenn wir hier Leute einstellen. Frauen müssen ganz anders angesprochen werden, auch für Führungspositionen, weil die immer grundsätzlich daran zweifeln, dass sie geeignet sind. Wohingegen Männer immer grundsätzlich davon ausgehen, dass sie das alles können. Das ist ein grundlegender Unterschied* (Int. 2, Z. 231–236).

Sie selbst habe sich hingegen nie auf den Markt begeben, sondern sei vielmehr aufgrund ihrer Kontakte und ihrer Leistungen angesprochen worden. Expertin B1 schildert, dass sie für die Übernahme der Geschäftsleitung selbst „den Hut in den Ring geworfen" habe (Int. 1, Z. 72–76). Expertin B6 stellt hierzu außerdem heraus, dass man Mut haben sollte, sich auf Leitungsstellen zu bewerben. Die männlichen Leitungskräfte berichten ebenfalls davon, dass sie die Stelle sofort übernehmen wollten, Mut hatten und durch verschiedene Tätigkeiten im Vorfeld auf sich aufmerksam gemacht haben.

Betrachtet man die Selbstbeschreibung und den Werdegang der Leitungskräfte, dann zeigt sich auch an dieser Stelle, dass sich beide Personengruppen gleich stark präsentieren (Wunderer/Dick 1997, 132 ff.). Der Erfahrungsbericht von Expertin B2 und die Ausführung von Expertin B6 lassen jedoch den Schluss zu, dass dies nicht bei allen Frauen der Fall ist. Dies deckt sich mit den Ergebnissen der Studie des BMBF (2011, 57 ff.), bei der erhoben wurde, dass Frauen eher selbstkritisch auf ihre eigenen Aufstiegskompetenzen und die Anforderungen an Leitung blicken. Auch hier muss hinterfragt werden, welche Gründe hinter diesem Verhalten liegen. Es kann vermutet werden, dass sich reproduziert, was bereits beschrieben wurde: Rollenerwartungen und gesellschaftliche Zuschreibungen integrieren sich in das Selbstbild der weiblichen Nachwuchsleitungskräfte (Dobner 2001, 19 ff.; Peus/ Welpe 2011, 48 ff.; Merchel 2015, 76 ff.).

Auch die Fähigkeit, sich in Interessensgemeinschaften zu organisieren und an diesen teilzunehmen, wird als förderliche Kompetenz für den beruflichen Aufstieg angesehen und von den weiblichen Leitungskräften B1 und B6 betont:

> *[…] sich tatsächlich die Solidarität zu organisieren und auch ruhig Interessenszusammenschlüsse machen, also meinetwegen Frauen, dass die sagen: „Wir wollen mal gucken, woran das liegt, dass wir wahrnehmen, wir haben es als Frauen vielleicht schwerer, in Führungspositionen zu kommen" […]* (Int. 1, Z. 221–225).

> *Machen, Unterstützung holen und vor allen Dingen, und das gibt es überall, auch insbesondere für Frauen, Frauen in Führungspositionen haben überall Gremien gebildet. Wir haben Fachgruppen, wo wir uns treffen, wo wir uns gegenseitig unterstützen, wo wir Führungskräftecoaching in Anspruch nehmen etc.* (Int. 6, Z. 149–152).

Die männlichen Leitungskräfte nutzen ebenfalls Interessengemeinschaften und vernetzen sich, jedoch geht es bei ihnen nicht um Themen wie Gleichstellung und Solidarität, sondern um den allgemeinen, fachlichen Austausch. Dies zeigt, dass sich Frauen inhaltlich anders vernetzen müssen als Männer, da sie mit sozialer Ungleichheit in ihrem beruflichen Aufstieg und in ihrer beruflichen Situation konfrontiert sind (Ehlert 2012).

Abschließend lässt sich zu den individuellen Faktoren herausstellen, dass in allen Interviews vor allem der Persönlichkeit ein hoher Stellenwert für den beruflichen Aufstieg in eine Leitungsfunktion zugeschrieben wird. Deshalb ist es umso wichtiger, dass sich gerade die Entscheidungsträger/innen bei den Trägern der Sozialen Arbeit mit eigenen Stereotypen hinsichtlich der Kompetenzzuschreibungen kritisch auseinandersetzen und Leitung nicht nur in einem festgeschriebenen Bild denken, sondern verschiedene Ausgestaltungsformen von Leitung und Leitungspersönlichkeiten zulassen (Merchel 2015, 49 ff.). Es gibt keine universell gültigen Leitungskompetenzen, da immer auch der Kontext und gruppendynamische Faktoren eine Rolle für den Leitungserfolg spielen (Merchel 2015, 64 ff.). Dies gilt es zu beachten, da ansonsten die Gefahr einer Gläsernen Decke besteht, wenn Leitung entsprechend dem Bild „think manager – think male“ an männlich gedachten Persönlichkeitsmerkmalen festgemacht wird (siehe Kapitel 1.3; BMFSFJ 2010, 9; Krell 2012, 22 ff.; Kricheldorff/Schramkowski 2015, 8; Boecker/Grewe 2020, 46).

Strukturelle und gesellschaftliche Faktoren

Unter den geschlechtsspezifischen Einflussfaktoren lassen sich weitere strukturelle und gesellschaftliche Faktoren benennen, insbesondere im Hinblick auf Geschlechterhierarchien und Stereotype.

Die Personen B2, B3 und B5 berichten, dass in ihren Organisationen bereits viele Frauen in Leitungspositionen seien. Dennoch sehen sie die Problematik, dass dies längst nicht bei allen Trägern und Organisationen so sei:

> *[…] wenn sich Leitung, wenn Sie sich mal angucken würden, habe ich nicht gemacht, Geschäftsführung der Wohlfahrtsverbände in NRW. […] Sie kennen die alle. Dann gucken Sie sich mal an, wie viele Kerle da sitzen und wie viele Frauen da sitzen. Und da sage ich Ihnen, das hat nichts mit der tatsächlichen Bevölkerungsstruktur zu tun, weil Sie sind mehr, Frauen sind mehr. Und das hat nichts mit Kompetenzen zu tun, überhaupt nicht, gar nicht. Das kann gar nicht sein. Das geht nicht* (Int. 3, Z. 635–641).

Auch Expertin B2 erläutert:

> *Aber wenn es dann schön und richtig gut vergütet wird, dann doch eher die Männer sind, habe ich gedacht: „Ne, was ist das denn? Das ist doch irgendwie schräg", und ich bin inzwischen wirklich ein Fan davon, eine Quote auch umzusetzen, weil das auch Frauen eine Chance ermöglicht. Wenn sie nicht geeignet sind, sind sie nicht geeignet* (Int. 2, Z. 508–511).

Der befragte Experte B5, welcher aktuell einem freien Träger zuzuordnen ist und vorher in einem Wohlfahrtsverband tätig war, benennt ebenfalls, dass gerade die kirchlichen Träger noch „tüchtig Luft nach oben" hätten, da seine Kollegin im Vorstand zu wichtigen Gremien nie eingeladen worden sei (Int. 5, Z. 274–275). Die Teilnahme an zentralen Entscheidungsgremien innerhalb der Träger lassen sich auch als „closed job" bezeichnen, zu denen insbesondere Frauen keinen selbstverständlichen Zugang haben (Int. 1, Z. 169–171; Int. 2, Z. 212–216; Int. 5, Z. 255–263). Dies deckt sich mit der Erkenntnis, dass bestimmte Strukturen und institutionelle Wirkungsgefüge von unterschiedlichen Hierarchieebenen zwischen Männern und Frauen geprägt sind und eine Gläserne Decke für Frauen bilden (BMFSFJ 2010, 17; Sosa y Fink 2013, 45 ff.). Die Angaben der Befragten verdeutlichen außerdem, dass sich die Geschlechterungleichheit besonders in den obersten Leitungspositionen zeigt (Fendrich et al. 2006, 23; AWO Bundesverband e.V. 2018, 21; Diakonie Deutschland 2019, 39; Boecker/Grewe 2020, 46). Der Experte B4, welcher im Bereich der Kindertageseinrichtungen tätig ist, berichtet, dass bei seinem Träger bereits viele Frauen in Leitungspositionen seien, vor allem die Bereichsleitungspositionen. Auch dieser Aspekt wird von den bereits gewonnenen Erkenntnissen bestätigt, dass Kindertageseinrichtungen und die damit zusammenhängenden Leitungspositionen eine Ausnahme von der Geschlechterumkehr bilden (Fendrich et al. 2006, 23).

Ein weiterer Aspekt, der in allen Interviews angesprochen wird, sind Stereotype, die auch innerhalb der Profession der Sozialen Arbeit wirken. Die weibliche Leitungskraft B1 berichtet diesbezüglich vor allem von einem männlich geprägten Bild von Leitung, mit dem sie immer wieder konfrontiert werde:

> *[…] das ist das Bild des Geschäftsführers. Also ne, so ist der Geschäftsführer und in der Übergangsphase, wie häufig ich die Begriffe gehört habe: „Das sind aber große Fußspuren, in die du da trittst“* (Int. 1, Z. 233–236).

Expertin B2 betont, dass Frauen Leitungsfunktionen mindestens genauso gut ausüben können wie Männer. Sie ertappe sich jedoch selbst dabei, manche Dinge eher männlich zu denken oder Rollenzuschreibungen zu tätigen, da sie in einer männerdominierten Welt groß geworden sei. Diese Stereotype loszuwerden, sei schwierig. Sie selbst denke, dass die Auffassung: „Männer sind eher die Härteren und Frauen eher die Schwächeren" totaler Quatsch sei (Int. 2, Z. 484–487). Dennoch müssten Frauen anders als Männer angesprochen werden, wenn man sie für eine Leitungsposition gewinnen wolle, da sie im Vergleich zu Männern häufiger glauben, dass sie die Funktion nicht ausüben können. Auch die weibliche Leitungskraft B6 berichtet, dass Frauen oftmals einen hohen Selbstanspruch und Selbstzweifel hätten, während Männer eher davon ausgingen, alles zu können, „außer operieren". Dennoch denke sie, dass Frauen genügend Selbstbewusstsein haben und dass die Kultur in einer Organisation sowie die Toleranz, wie miteinander umgegangen wird, entscheidend für die Förderung von Frauen seien.

Die Aussagen der drei weiblichen Expertinnen decken sich mit den bereits diskutierten Annahmen, dass hemmende Faktoren für den beruflichen Aufstieg von Frauen entstehen, wenn von einem „männlichen Manager" ausgegangen wird und es zu Stereotypen in den Kompetenzzuschreibungen kommt. Interviewpartner B3 geht ebenfalls davon aus, dass Stereotype in Interaktionen im beruflichen Kontext wirken und dass er aufgrund seines lauten Auftretens sowie seiner Körpergröße eher wahrgenommen wird als jemand, der zurückhaltender und kleiner ist. Sich selbst hinsichtlich dieser Annahmen zu hinterfragen, bedürfe, dass man in die „eigene kleine dunkle Seele" blicke und sich selbst reflektiere (Int. 3, Z. 793–794).

Die empirischen Daten weisen somit deutlich darauf hin, dass Stereotype tief verankert sein können und daher besonders langfristig und kritisch bearbeitet werden müssen. Die Einschätzungen der männlichen Experten unterstützen die Wahrnehmungen und Aussagen der weiblichen Leitungskräfte und machen erneut deutlich, dass der berufliche Aufstieg von Frauen davon abhängt, wie selbstreflektiert Entscheidungsträger/innen mit ihren eigenen

Stereotypen und Vorurteilen umgehen und Rollenzuschreibungen reflektieren.

4.3.3 Status quo in der Leitungsposition

In dieser Kategorie sollen jene Ergebnisse vorgestellt und diskutiert werden, welche sich auf die aktuelle Situation der befragten Leitungskräfte beziehen. Aus dieser Hauptkategorie wurden die folgenden induktiven Unterkategorien gebildet.

Sozioökonomische Situation

Zu ihrer sozioökonomischen Situation äußern sich vier von sechs Leitungskräften dahingehend, dass sie einen Partner oder eine Partnerin haben. Einer der männlichen Befragten benennt außerdem, dass er zwei erwachsene Kinder habe, ebenso wie zwei der drei weiblichen Leitungskräfte. Fünf von sechs Befragten nannten ihr Alter, welches in allen Fällen über 50 Jahren liegt. Inwiefern die sozioökonomische Situation eine Rolle bei dem beruflichen Aufstieg in eine Leitungsposition spielen kann, wurde bereits anhand der Thematik der Vereinbarkeit von Beruflichem zu Privatem auf der institutionellen Ebene deutlich. Daher soll hierauf erneut näher eingegangen werden.

Vereinbarkeit Berufliches und Privates

> *Mein Mann ist zwölf Jahre älter als ich und ist, als ich Geschäftsführung wurde, in Rente gegangen. Die Kinder sind aus dem Haus und der macht zu Hause alles und ich muss um halb sieben zu Hause sein, dann gibt es Abendessen (lacht). Es fällt keine Waschmaschine mehr an, ich muss auch kein Paket mehr zur Post bringen, theoretisch. […] Und wenn ich das nicht hätte, könnte ich so nicht arbei-*

ten, das kann ich auch ganz klar sagen. Also wenn ich meine Sachen selber bügeln müsste und dies und jenes, dann wäre das schon schwieriger. Ich müsste deutlich mehr Dienstleistungen in Anspruch nehmen (lacht) und das ginge also eigentlich gar nicht, ne (Int. 2, Z. 425–428).

Die Ausführungen zur Vereinbarkeit von Beruflichem und Privatem zeigen auf, dass die obersten Leitungspositionen in der Sozialen Arbeit mit einem hohen Arbeitsaufkommen gekoppelt sind. Die Einhaltung einer Work-Life-Balance ist möglich, jedoch auch schwierig. Die Expert/innen benennen zum einen, dass sie Unterstützung in ihrem privaten Umfeld benötigen. Zum anderen wird beispielsweise die Möglichkeit des Homeoffice thematisiert. Die Bewältigung des Haushaltes sprechen dabei zwei von drei weiblichen Leitungskräften und keine der männlichen Leitungskräfte an. Hier zeigt sich möglicherweise, dass Doppelbelastungen vor allem Frauen betreffen und sich ein hemmender Faktor bei ihrem beruflichen Aufstieg ergeben kann, wenn es in ihrem sozialen Umfeld und seitens des Arbeitsgebers an Unterstützung fehlt (Kleinert et al. 2007, 59 ff.; Peus/Welpe 2011, 50 ff.; Kricheldorff/Schramkowski 2015, 8; BMFSFJ 2018). Darüber hinaus hat sich gezeigt, dass auch das Lebensalter für die Ausübung einer obersten Leitungsposition entscheidend ist. Dies deckt sich mit den Erkenntnissen von Kleinert et al., welche davon ausgehen, dass sich gerade für Frauen ein „Karriereknick“ ergeben kann, wenn sich diese in der Lebensphase der Familiengründung befinden (Kleinert et al. 2007, 105). Mit zunehmendem Alter steigen die Chancen, eine höhere Berufsposition zu erlangen (ebd.).

4.3.4 Zukunftsperspektiven für die Leitung

Im Folgenden wollen wir die Zukunftsperspektiven zur weiteren Ausrichtung der Sozialen Arbeit hinsichtlich der beruflichen Aufstiegschancen von Frauen und der Ausgestaltung von Leitung diskutieren. Hierbei gilt es, insbesondere auf Diversity Management, Frauenförderung und Gleichstellung, Gender Mainstreaming sowie auf die besondere Rolle von Mentor/innen und Rollenvorbildern einzugehen.

Diversity Management

Die Befragte B1 wünscht sich für die Weiterentwicklung von Leitung bei ihrem Träger, dass das Akquirieren von Nachwuchsleitungskräften systematischer angegangen wird. Diesbezüglich berichtet sie, dass aktuell die Führungsleitsätze bearbeitet werden, da diese ungefähr 20 Jahre alt seien. Die neuen Leitsätze sollten vor allem Diversity-Management-Aspekte mit Blick auf das Unternehmen und die Führungskräfte beinhalten. Auch der befragte Experte B3 betont, dass es im Sinne einer Frauenförderung einer Diversity-Agenda bedarf, in der die Anforderungen an ein diverses und vielfältiges Unternehmen operationalisiert sind, damit sich ein Unternehmen nicht nur als divers beschreibt, sondern dies auch umsetzt und lebt. Er erläutert ebenfalls, dass dieser Prozess anstrengend sei.

Zieht man die zugrunde liegenden theoretischen Erkenntnisse hinzu, so deckt sich insbesondere der Bericht von Expertin B1 mit der Annahme, dass der berufliche Aufstieg von Frauen in den Wohlfahrtsverbänden durch traditionelle Selbstverständnisse erschwert werden kann, da sie von extrem veralteten Führungsleitlinien berichtet. Auch hier zeigt sich eine Querverbindung: Ob Strategien wie das Diversity Management in einer Organisation implementiert werden, hängt entscheidend von den obersten Leitungskräften ab (Müller 2016, 35 ff.).

Frauenförderung und Gleichstellung

Zwei weitere Faktoren, die im Rahmen der Interviews hinsichtlich der professionellen Ausrichtung von Leitung in der Sozialen Arbeit angesprochen werden, sind Frauenförderung und Gleichstellung. Eine der weiblichen Leitungskräfte aus einem Wohlfahrtsverband beschreibt, dass die aktuelle Vorsitzende sich sehr für Frauenförderung und Gleichstellung einsetze, mit dem Ziel, Frauen in Leitungspositionen zu bringen. Sie als Geschäftsführerin wolle dies ebenfalls im Blick haben und repräsentieren. Expertin B2 benennt ebenfalls, dass Frauen gezielt angesprochen werden müssen, wenn man sie in Leitungspositionen haben wolle, da Männer sich eher auf diese Stellen bewerben und Frauen eher nicht glauben, dass man sie in einer Leitungsposition haben wolle. Auch Expertin B6 berichtet von ähnlichen Erfahrungen. Ihrer Einschätzung zufolge bedarf es jedoch keiner psychosozialen Unterstützung von Frauen:

> *Und ich finde nicht, also nach meinem Gefühl, das sage ich Ihnen ganz ehrlich, finde ich, dass junge Frauen, auch bei mir, junge Frauen, die in Führung sind, die brauchen das nicht. Die haben das Selbstbewusstsein. Was die brauchen, ist Rückdeckung. Rückdeckung, zu sagen: „Das ist gut, wie du das machst. Und ich weiß, dass du das jetzt nicht perfekt machst, aber das ist nicht schlimm. Geh das, weil ich weiß, dass du es können kannst. Und die Jacke ist noch zu groß, aber in die Jacke kann man reinwachsen", so ist das, ne. Also, nein, das wäre mir zu, als, das wäre mir irgendwie diskriminierend schon. Als wenn Frauen es nö-*

tig hätten, finde ich nicht. Die haben es nicht nötig. Nicht nötiger als Männer (Int. 6, Z. 209–217).

Interviewpartnerin B6, welche einem öffentlichen Träger der Sozialen Arbeit zuzuordnen ist, erläutert weitergehend, dass die Strukturen in einer Behörde insbesondere für Frauen sehr förderlich seien, da es eine Gleichstellungsbeauftragte sowie Förderprogramme für Frauen gäbe und gute Nachwuchsleitungskräfte, sowohl Männer als auch Frauen, gesucht werden. Interviewpartner B3 benennt ebenfalls, dass im Sinne einer Nachwuchsförderung explizit auch eine Frauenförderung angedacht werden müsse. Auch Experte B5 erklärt, dass bei seinem Träger speziell Frauen zum Beispiel für Bereichsleitungspositionen angesprochen werden. Das Unternehmen sei vorher sehr patriarchalisch geführt worden, weshalb es nun ein Kompetenzteam für Gleichstellung und Gerechtigkeit gebe, um dieses Thema mitzudenken. Das Kompetenzteam sei jedoch noch in den Anfängen und stoße manchmal auf Skepsis:

> *Das haben wir letzten Jahres gestartet, wir sind aber in den Anfängen und manchmal höre ich dann Zurufe: „Brauchen wir gar nicht, wir haben doch sowieso so viele Frauen, hier bei uns am Arbeiten", da kommen aber immer wieder Spitzen, die mich sehr darin bestätigen, dass es total gut ist, sowas einzurichten* (Int. 5, Z. 299–302).

Im Sinne der Frauenförderung berichtet er außerdem von einem aktuellen Beispiel, in dem eine Frau von ihrer Bereichsleiterinnenstelle zurücktreten möchte und darüber nachdenkt, in die Familienphase einzusteigen. Hier müssten Modelle erarbeitet werden, die aktuell noch jenseits des Vorstellbaren seien, aber jedem Lebensmodell entsprechen können, beispielsweise durch Homeoffice.

Die Ausführungen zu Frauenförderung und Gleichstellung verdeutlichen, was bereits hinsichtlich der individuellen Einflussfaktoren für Leitung aufgezeigt wurde: Es ist nicht notwendig und sinnvoll, auf der individuellen Ebene anzusetzen und den Entwicklungsbedarf an den Frauen festzumachen, vielmehr müssen Strukturen überarbeitet und weiterentwickelt werden, die es Frauen ermöglichen, mit den gleichen Chancen wie ihre männlichen Kollegen in Leitungspositionen aufzusteigen (Krell 2012, 26 ff.). Es wirkt sich hinderlich auf die Aufstiegschancen von Frauen aus, wenn die Soziale Arbeit aufgrund des hohen Frauenanteils unter den Beschäftigten immer noch als Frauenberuf gelabelt wird und dadurch Maßnahmen wie Kompetenzteams für mehr Geschlechtergerechtigkeit abgelehnt werden. Nach Bereswill (2016, 35) zeigen Geschlechterverhältnisse in Professionen nicht, dass ein Beruf ein „weibliches" oder „männliches" Profil hat. Vielmehr wird dadurch deutlich, dass die Profession mit ihren Care-Tätigkeiten den Frauen zugeschrieben wird, während der Zugang zu Tätigkeiten, die weit darüber hinausgehen, immer noch erkämpft werden muss.

Gender Mainstreaming

Eine mögliche Strategie für mehr Chancengleichheit und Gleichstellung ist außerdem das Gender Mainstreaming. Das Gender Mainstreaming kann als eine Querschnittsaufgabe angesehen werden, die sich durch alle möglichen Bereiche einer Organisation zieht und darauf abzielt, dass sowohl Frauen als auch Männer die gleichen Chancen erhalten (Bujnoch 2008, 10 ff.). Hier geht es somit nicht um eine konkrete Frauenförderung, sondern allgemein um Gleichstellung und die Berücksichtigung der Kategorie Gender im Hinblick auf die unterschiedlichen Lebenssituationen und Bedürfnisse der jeweiligen Personen. Frauen sollen nicht als „defizitäre Wesen" angesehen oder vermeintlich bevorzugt werden, vielmehr sollen allen Menschen durch das Gender Mainstreaming, entsprechend ihrer individuellen Voraussetzungen, die gleichen Chancen zur Weiterentwicklung und Entfaltung gegeben werden (ebd., 10). Wie bereits festgestellt wurde, wird der Weg in eine Leitungsposition in der Sozialen Arbeit durch verschiedene geschlechtsspezifische Faktoren beeinflusst (siehe Kapitel 4.3.2). Diese gilt es entsprechend des Gender Mainstreamings systematisch zu berücksichtigen und, wie Expertin B2 vorschlägt, Frauen im Vergleich zu ihren männlichen Kollegen auf eine andere Weise anzusprechen und ihnen Rückendeckung zu geben, damit ungleiche Chancen und strukturelle Barrieren beim beruflichen Aufstieg ausgeglichen werden können (Int. 2, Z. 231–236).

Mentor/innen und Rollenvorbilder

Auch das Thema Mentor/innen und Rollenvorbilder wird im Zuge der Zukunftsperspektiven für Leitung in der Sozialen Arbeit thematisiert. Der Befragte B3 äußert hierzu, dass man mutig sein und Mentees, also noch unerfahrene Personen, hinter die Kulissen einer Leitungsposition blicken lassen sollte. Blickt man auf den beruflichen Werdegang der befragten Leitungskräfte, so wird auch anhand ihrer eigenen Lebenswege deutlich, dass Mentor/innen und Fürsprecher/innen, vor allem für Frauen wichtige Zugänge schaffen können, die ihnen ansonsten aufgrund struktureller Barrieren und einer Gläsernen Decke womöglich verschlossen geblieben wären (BMFSFJ 2010, 9; Sosa y Fink 2013, 45; Weingärtner 2014, 21; Diakonie Deutschland 2019, 80). Bujnoch (2008) hebt hervor, dass gerade in der Sozialen Arbeit Rollenvorbilder wichtig sind, da Frauen in diesem Bereich, vor allem hinsichtlich der obersten Leitungspositionen, eher selten Karriere machen und es somit an Identifikationsmöglichkeiten mangelt.

Abschließend lässt sich zu den Zukunftsperspektiven für Leitung in der Sozialen Arbeit hinzufügen, dass Nachwuchsleitungskräfte dringend gesucht werden. Deutlich wird dies daran, dass alle Expert/innen Ideen und Maßnahmen dazu benennen, wie nachfolgende Leitungskräfte akquiriert werden sollen. Expertin B6 fasst zusammen:

> *Man muss überhaupt nicht über das Wasser gehen oder etwas besonders gut können, sondern man muss einfach nur Bock haben, die Arbeit zu machen. Von daher kann ich nochmal Mut machen für alle, wir brauchen junge Leute, die Verantwortung übernehmen wollen. Ganz dringend (lacht)* (Int. 6, Z. 454–459).

Auch Experte B5 unterstreicht hinsichtlich des beruflichen Aufstiegs in der Sozialen Arbeit:

> *Da haben wir jetzt Headhunter, die kosten fast 20.000 Euro. Die haben über 90 Leute angesprochen, so gut wie keiner will sich dieser Aufgabe stellen* (Int. 5, Z. 796–798).

Gerade diese Ausführungen verdeutlichen, dass sich Leitung in der Sozialen Arbeit weiterentwickeln muss, attraktiver und durchlässiger gestaltet sowie für alle zugänglich gemacht werden sollte, wenn solch ein hoher Bedarf an qualifizierten Nachwuchsleitungskräften besteht.

5. Fazit und Ausblick

Die vorstehenden empirischen und theoretischen Erkenntnisse weisen deutlich darauf hin, dass Frauen sehr wohl leiten können. Gender wirkt jedoch als Kategorie sozialer Ungleichheit in der Profession der Sozialen Arbeit, insbesondere als Struktur- und Konfliktkategorie. Dies spielt für den beruflichen Aufstieg von Frauen in Leitungspositionen in der Sozialen Arbeit insofern eine Rolle, als dass sich geschlechtsspezifische Hürden ergeben und immer noch Stereotype in den Kompetenzzuschreibungen sowie in Rollenbildern wirken. Es werden dominante Diskurse reproduziert, und auch im Rahmen der Sozialen Arbeit besteht weiterhin eine Gläserne Decke auf dem Karriereweg von Frauen. Hieraus lässt sich ableiten, dass das Fehlen von Frauen in Leitungspositionen in der Sozialen Arbeit nicht als individuelles Problem zu sehen und an den Leitungskompetenzen von Frauen festzumachen ist. Vielmehr ist die strukturelle Betrachtung von Gender innerhalb der Profession notwendig und sinnvoll, um ideologischen Barrieren, Ungleichheitsdynamiken sowie bestehenden Machtasymmetrien entgegenzuwirken.

Was kann nun für die Soziale Arbeit im Sinne der Weiterentwicklung der Profession und der Erfüllung ihrer eigenen Maßstäbe als Gerechtigkeitsprofession abgeleitet werden? Leitung in der Sozialen Arbeit ist komplex, vielfältig und vor allem unbedingt notwendig für das Bestehen sozialer Organisationen. Leitung muss sich also weiterentwickeln, da ein hoher Bedarf an Nachwuchsleitungskräften besteht. Die freien und öffentlichen Träger der Sozialen Arbeit müssen bestehende Strukturen hinterfragen und allen Personen gleichermaßen die Chance für einen beruflichen Aufstieg in oberste Leitungspositionen eröffnen. Hierbei ist es unerlässlich, förderliche Maßnahmen zu implementieren und Professionsdebatten zu führen. Nur so kann es gelingen, das eigene

Selbstverständnis kritisch zu reflektieren und Gender als Kategorie sozialer Ungleichheit systematisch einzubeziehen. Die Gläserne Decke muss durch eine gemeinsame Auseinandersetzung der Professionsangehörigen und insbesondere der Entscheidungsträger/innen sichtbar gemacht werden. Geschlechtergerechtigkeit muss erklärtes Ziel von oben sein und durch eine Operationalisierung in der Organisation langfristig verfolgt werden.

Es muss darüber hinaus angestrebt werden, die Forschungslücke zum Verhältnis von Gender und Leitung in der Sozialen Arbeit weiter zu schließen, sodass es eben nicht Aufgabe der Frauen ist, mutig zu sein und Barrieren zu überwinden. Vielmehr muss die Profession selbst den Mut aufbringen, sich selbst zu reflektieren und anzuerkennen, dass sie ihre eigenen Prinzipien der sozialen Gerechtigkeit für die Professionsangehörigen noch lange nicht umgesetzt hat. Dass dies für weitere benachteiligte Gruppen im Sinne intersektionaler Forschung notwendig ist, sollte selbstverständlich sein. So ist zu vermuten, dass zum Beispiel der Anteil an Menschen mit Migrationserfahrung in den obersten Leistungsetagen der Sozialen Arbeit deutlich geringer ist als derjenige in Ausbildung und Praxis Sozialer Arbeit.

Zusammenfassend lassen sich folgende Lösungsansätze für mehr Chancengleichheit beim beruflichen Aufstieg von Frauen in oberste Leitungspositionen in der Sozialen Arbeit festhalten:

- In den Institutionen muss ein Diversity Management implementiert werden zur Überwindung veralteter, traditioneller Selbstverständnisse der Wohlfahrtsverbände.

- Leitungskräfte in den obersten Positionen in der Sozialen Arbeit müssen für Veränderung und die Implementierung von Strategien zur gezielten Frauenförderung bereit sein und dafür geschult und sensibilisiert werden. Geschlechtergerechtigkeit muss als Grundwert implementiert und gelebt werden.

- Die Unterrepräsentation von Frauen in den obersten Leitungsebenen darf nicht zu einem individuellen Problem „der Frauen" gemacht werden, sondern muss vielmehr als strukturelles Problem angegangen werden, denn nicht die Individuen sind „entwicklungsbedürftig", sondern vielmehr die Strukturen und Bilder, die sich auf die betroffenen Personengruppen auswirken.

- Gerade in den Wohlfahrtsverbänden sind entscheidende Netzwerke oftmals noch männlich besetzt, sodass es förderlich und notwendig für Frauen ist, Fürsprecher/innen und Kontakte zu wichtigen Entscheidungsträger/innen zu haben.

- Rollenvorbilder und Mentor/innen können Frauen beim beruflichen Aufstieg als wichtige Identifikationsmöglichkeit dienen.

- Die Vereinbarkeit von Familie und Beruf darf nicht als „Frauenthema" angesehen werden.

- Es müssen institutionelle Unterstützungsmöglichkeiten für Frauen zur Vereinbarkeit von Familie und Beruf zur Verfügung stehen und flexible Arbeitsmodelle angeboten werden.

- Es gibt keine grundlegenden Unterschiede von Leitungspersönlichkeiten und Leitungskompetenzen zwischen Männern und Frauen; diese Annahmen basieren auf Vorurteilen und Rollenerwartungen, mit denen sich die Entscheidungsträger/innen gezielt auseinandersetzen und die eigene Haltung kritisch reflektieren müssen.

- Gender spielt auch deshalb eine Rolle, weil sich gerade Frauen vernetzen und eine Rückendeckung organisieren müssen, um in ihrem beruflichen Aufstieg Solidarität zu erfahren und strukturelle Barrieren gemeinsam zum Thema machen zu können. Sie müssen sich also mit Problemlagen beschäftigen, mit denen sich ihre männlichen Kollegen nicht persönlich konfrontiert sehen, weshalb Netzwerke und Austauschmöglichkeiten für Frauen vorhanden sein müssen.

- Neben dem Fachwissen werden vor allem Persönlichkeitsmerkmale als zentrale Entscheidungsfaktoren für den beruflichen Aufstieg genannt. Vor dem Hintergrund immer noch bestehender Stereotype in den Kompetenzzuschreibungen und den Rollenbildern wirkt es sich für Frauen nachteilig aus, wenn das „think manager – think male"-Bild besteht und Frauen eher entsprechend des Konstruktes der „geistigen Mütterlichkeit" bewertet werden. Hieraus entstehen Rollenkongruenzen, die überwunden werden müssen, indem Maßnahmen wie Diversity Management, Gleichstellungsbeauftragte, Gender Mainstreaming und Frauenförderung umgesetzt werden, damit Frauen trotz struktureller Barrieren und wirkender Stereotypen einen Zugang zu den obersten Leitungspositionen erhalten.

Literatur

Aulenbacher, B./Riegraf, B. (2010): Geschlechterdifferenzen und -ungleichheiten in Organisationen, in: Aulenbacher, B./Meuser, M./Riegraf, B. (Hrsg.): Soziologische Geschlechterforschung. Eine Einführung, Wiesbaden, S. 157–172.

AWO Bundesverband e.V. (2018): Geschlechtergerechtigkeit und Vielfalt: Eine Frage des verbandlichen Überlebens. Stellungnahme, Handlungsempfehlungen und 1. Gleichstellungsbericht der Arbeiterwohlfahrt, Berlin, https://www.awo.de/sites/default/files/2018-01/AWO_Gleichstellungsbericht_2018_barrierefrei.pdf (20. September 2022).

AWO Bundesverband e.V. (2020): Positionspapier Geschlechtergerechtigkeit als AWO-Grundwert, Berlin, https://awo.org/sites/default/files/2020-11/Positionspapier_Geschlechtergerechtigkeit_AWO_Bundesverband_1.pdf (29. September 2022).

Bereswill, M./Stecklina, G. (2010): Frauenbewegungen und Soziale Arbeit, in: Bereswill, M./Stecklina, G. (Hrsg.): Geschlechterperspektiven für die Soziale Arbeit. Zum Spannungsverhältnis von Frauenbewegungen und Professionalisierungsprozessen, Weinheim/München, S. 7–18.

Bereswill, M. (2016): Hat Soziale Arbeit ein Geschlecht?, Berlin.

Biesenkamp, R./Merchel, J. (2007): Berufsbild und Qualifizierung von Leitungskräften in der Sozialen Arbeit. Ergebnisse einer Untersuchung zu Leitungsanforderungen und Perspektiven der Qualifizierung, Berlin.

BMBF – Bundesministerium für Bildung und Forschung (2011): Frauenkarrieren in Unternehmen – Forschungsergebnisse und Handlungsoptionen. Dokumentation der BMBF-Tagung vom 18.–19. November 2010 in Berlin, Berlin, Bonn.

BMFSFJ – Bundesministerium für Familie, Senioren, Frauen und Jugend (2010): Frauen in Führungspositionen. Barrieren und Brücken, Heidelberg, https://www.bmfsfj.de/resource/

blob/93874/7d4e27d960b7f7d5c5 2340efc139b662/frauen-in-fuehrungspositionen-deutsch-data.pdf (20. September 2022).

BMFSFJ – Bundesministerium für Familie, Senioren, Frauen und Jugend (2018): Zweiter Gleichstellungsbericht der Bundesregierung. Eine Zusammenfassung, Berlin, https://www.bmfsfj.de/resource/blob/117916/7a2f8ecf6cbe805cc80edf7c4309b2bc/zweiter-gleichstellungsbericht-data.pdf (20. September 2022).

Boecker, M./Grewe, S. (2020): Frauen in Führungspositionen der Sozialen Arbeit. Eine Gerechtigkeitsprofession in Männerhand, in: Forum Sozial, Heft 3, S. 46–52.

Bronner, K./Paulus, S. (2017): Intersektionalität: Geschichte, Theorie und Praxis, Opladen/Toronto.

Brückner, M. (2001): Gender als Strukturkategorie und ihre Bedeutung für die Sozialarbeit, in: Gruber, C./Fröschl, E. (Hrsg.): Gender-Aspekte in der Sozialen Arbeit, Wien, S. 15–23.

Bujnoch, S. (2008): Frauen in Führungspositionen in der Sozialen Arbeit, Linz.

Bundesagentur für Arbeit (2019): Blickpunkt Arbeitsmarkt, Akademikerinnen und Akademiker, Nürnberg, https://statistik.arbeitsagentur.de/DE/Statischer-Content/Statistiken/Themen-im-Fokus/Berufe/Generische-Publikationen/Broschuere-Akademiker.pdf?__blob=publicationFile (20. September 2022).

Bundesarbeitsgemeinschaft Landesjugendämter (2020): Der Jugendamtsmonitor. Aufgaben, Trends, Daten, Köln, https://www.unterstuetzung-die-ankommt.de/media/filer_public/fa/4b/fa4b2dff-7a2c-4257-87fe-f01f18503c9b/jugendamtsmonitor-bag-landesjugendaemter-web.pdf (20. September 2022).

Butler, J. (1991): Das Unbehagen der Geschlechter, Frankfurt a.M.

Deutscher Berufsverband für Soziale Arbeit e.V. (2016): Deutschsprachige Definition Sozialer Arbeit des Fachbereichstags Soziale Arbeit und DBSH, Berlin, https://www.dbsh.de/media/dbsh-www/redaktionell/bilder/Profession/20161114 _Dt_Def_Sozialer_Arbeit_FBTS_DBSH_01.pdf (20. September 2022).

Diakonie Deutschland (2019): Atlas zur Gleichstellung von Frauen und Männern in der Diakonie, Berlin, https://www.diakonie-wissen.de/documents/242233/12199797/20190920_Gleichstellungsatlas+Diakonie_Web.pdf/050f862e-9440-40a5-af53-1768bf271dc5 (20. September 2022).

Dobner, E. (2001): Frauen in Führungspositionen, Heidelberg.

Ehlert, G. (2010): Profession, Geschlecht und Soziale Arbeit, in: Bereswill, M./Stecklina, G. (Hrsg.): Geschlechterperspektiven für die Soziale Arbeit, Weinheim/München, S. 36–59.

Ehlert, G. (2012): Gender in der Sozialen Arbeit. Konzepte, Perspektiven, Basiswissen, Schwalbach.

Fendrich, S./Fuchs-Rechlin, K./Pothmann, J./Schilling, M. (2006): Ohne Männer? Verteilung der Geschlechter in der Kinder- und Jugendhilfe, in: Deutsches Jugendinstitut Bulletin, Heft 2, S. 22–27, https://www.dji.de/fileadmin/user_upload/bulletin/d_bull_d/bull75_d/DJIB_75.pdf (20. September 2022).

Flick, U. (2016): Qualitative Sozialforschung. Eine Einführung, 7. Aufl., Reinbeck bei Hamburg.

GEW – Gewerkschaft Erziehung und Wissenschaft (2017): Arbeitsbedingungen als Ausdruck gesellschaftlicher Anerkennung Sozialer Arbeit, Frankfurt am Main, https://www.gew.de/index.php?eID=dumpFile&t=f&f=54473&token=374229d7d9541382325938b 3aa60a80046f328b3&sdownload=&n=2017-04_Arbeitsbedingungen_Soz_Arb_ web.pdf (20. September 2022).

Gmür, M. (2004): Was ist ein „idealer Manager“ und was ist eine „ideale Managerin“? Geschlechterrollenstereotypen und ihre Bedeutung für die Eignungsbeurteilung von Männern und Frauen in Führungspositionen, in: Zeitschrift für Personalforschung, Band 18, Heft 4, S. 396–417.

IFSW/IASS – International Federation of Social Workers/International Association of Schools of Social Work (2014): Global Definition of Social Work, https://www.ifsw.org/what-is-social-work/global-definition-of-social-work/ (13. Oktober 2022).

Kleemann, F./Krähnke, U./Matuschek, I. (2013): Interpretative Sozialforschung. Eine Einführung in die Praxis des Interpretierens, Wiesbaden.

Kleinert, C./Kohaut, S./Brader, D./Lewerenz, J. (2007): Frauen an der Spitze. Arbeitsbedingungen und Lebenslagen weiblicher Führungskräfte, Frankfurt a.M./New York.

Krell, G. (2012): „Geschlecht", „Führung", „Karriere" und deren Verschränkungen als diskursive Fabrikationen, in: Krell, G./ Rastetter, D./Reichel, K. (Hrsg.): Geschlecht macht Karriere in Organisationen, Berlin, S. 17–40.

Kricheldorff, C./Schramkowski, B. (2015): Mehr Geschlechtergerechtigkeit bei der Besetzung von Führungspositionen, in: Sozial Extra, Heft 1, S. 6–9.

Kuckartz, U. (2016): Qualitative Inhaltsanalyse. Methoden, Praxis, Computerunterstützung, 4. Aufl., Weinheim/Basel.

Mayring, P. (2015): Qualitative Inhaltsanalyse. Grundlagen und Techniken, 12. Aufl., Weinheim/Basel.

Mayring, P. (2016): Einführung in die qualitative Sozialforschung, 6. Aufl., Weinheim/Basel.

Merchel, J. (2015): Leitung in der Sozialen Arbeit. Grundlagen der Gestaltung und Steuerung von Organisationen, Weinheim/Basel.

Morrison, A. M./White, R. P./van Velsor, E. (1987): Breaking the glass ceiling. Can women reach the top of America's largest corporations? Reading, MA.

Müller, D. (2016): Was hindert Frauen an der Karriere?, Berlin.

Müller, U. (2014): Frauen in Führungspositionen der Sozialwirtschaft. Eine Untersuchung zu förderlichen Maßnahmen und entscheidenden Faktoren im Berufsverlauf für den Aufstieg in Spitzenpositionen, München/Mehring.

Notz, G. (2009): Bürgerliche Sozialreform, Arbeiterbewegung und Soziale Arbeit, in: Wagner, L./Wenzel, C. (Hrsg.): Soziale Arbeit und Soziale Bewegungen, Wiesbaden, S. 74–103.

Peus, C./Welpe, I. M. (2011): Frauen in Führungspositionen. Was Unternehmen wissen sollten, in: Organisationsentwicklung, Heft 2, S. 47–55.

Rose, L. (2007): Gender und Soziale Arbeit. Annäherungen jenseits des Mainstreams der Genderdebatte, Baltmannsweiler.

Scherr, A. (2002): Männer als Adressatengruppe und Berufstätige in der Sozialen Arbeit, in: Thole, W. (Hrsg.): Grundriss Soziale Arbeit. Ein einführendes Handbuch, Opladen, S. 377–385.

Schmidbaur, M. (2010): Geschlechterdifferenz, normative Orientierungen, Professionalisierung, in: Bereswill, M./Stecklina, G. (Hrsg.): Geschlechterperspektiven für die Soziale Arbeit, Weinheim, S. 19–44.

Schülein, J. A. (2007): Soziologische und psychoanalytische Theorien der Macht, in: Haubl, R. (Hrsg.): Macht und Psyche in Organisationen, Göttingen, S. 13–56.

Sosa y Fink, S. (2013): Aufstiegsbedingungen weiblicher Führungskräfte unter besonderer Berücksichtigung des Gesundheits- und Sozialwesens. Eine hypothesengenerierende Interviewstudie, in: Ayan, T. (Hrsg.): Einsteigen, Umsteigen, Aufsteigen, Wiesbaden, S. 41–67.

Stadt Dortmund, Gleichstellungsbüro (2019): Gleichstellungsplan 2019–2023 der Stadt Dortmund, Dortmund, https://www.dortmund.de/media/p/frauenbuero/downloads_frauenbuero/Gleichstellungsplan_2019_WEB.pdf (20. September 2022).

Statista (2021a): Frauenanteil in den Vorständen von großen Banken in Deutschland von 2006 bis 2021, https://de.statista.com/statistik/daten/studie/251668/umfrage/frauenanteil-in-den-vorstaenden-grosser-deutscher-banken-und-sparkassen/ (1. Oktober 2022).

Statista (2021b): Frauenanteile in Vorständen der DAX-Unternehmen in Deutschland von 2008–2021, https://de.statista.com/statistik/daten/studie/409010/umfrage/frauenanteil-in-dax-vorstaenden/ (1. Oktober 2022).

Statistisches Bundesamt (2021): Ranking der am stärksten von weiblichen Studierenden besetzten Studienfächer in Deutschland im Wintersemester 2020/2021, https://de.statista.com/statistik/daten/studie/3249/umfrage/stark-von-frauen-besetzte-studienfaecher/ (21. September 2022).

Stetter-Karp, I. (2019): Ein Übergangsjahr: Der 7. Genderbericht des Deutschen Caritasverbandes e.V., https://www.caritas.de/fuer-profis/presse/stellungnahmen/11-25-2019-ein-uebergangsjahr-der-7.-genderbericht-des-deutschen-carit (20. September 2022).

Tuider, E. (2014): Ansätze der Geschlechterforschung in Beratung und Coaching, in: Möller, H./Müller-Kalkstein, R. (Hrsg.): Gender und Beratung. Auf dem Weg zu mehr Geschlechtergerechtigkeit in Organisationen, Göttingen, S. 137–154.

Wagner, L. (2009): Soziale Arbeit und Soziale Bewegungen, Wiesbaden.

Wagner, L./Wenzel, C. (2009): Frauenbewegungen und Soziale Arbeit, in: Wagner, L./Wenzel, C. (Hrsg.): Soziale Arbeit und Soziale Bewegungen, Wiesbaden, S. 22–66.

Weinert, A. B. (1990): Geschlechtsspezifische Unterschiede im Führungs- und Leitungsverhalten, in: Domsch, M./Regnet, E. (Hrsg.): Weibliche Fach- und Führungskräfte. Wege zur Chancengleichheit, Stuttgart, S. 35–66.

Weingärtner, E. (2014): Coaching in der Sozialwirtschaft, Wiesbaden.

Wendt, W. R. (2017): Geschichte der Sozialen Arbeit, Wiesbaden.

Witzel, A. (2000): Das problemzentrierte Interview. Forum Qualitative Sozialforschung, https://www.qualitative-research.net/index.php/fqs/article/viewArticle/1132/2519 (20. September 2022).

Wunderer, R./Dick, P. (1997): Frauen im Management. Besonderheiten und personalpolitische Folgerungen – eine empirische Studie, in: Wunderer, R./Dick, P. (Hrsg.): Frauen im Management, Neuwied/Kriftel/Berlin, S. 5–205.

Fachlexikon der Sozialen Arbeit

9. Auflage 2022, 1.096 Seiten, kart., 49,00 Euro, für Mitglieder des Deutschen Vereins 39,00 Euro

ISBN 978-3-8487-7131-8

Das Fachlexikon ist das Standardwerk für die Soziale Arbeit. In rund 1.500 Stichwörtern umfasst die Neuauflage das gesamte Fachwissen für Studium, Wissenschaft und Praxis. 670 Expertinnen und Experten informieren über den aktuellen Stand der Entwicklungen und Diskurse in der Sozialen Arbeit, der Sozialpolitik, im Sozialrecht und in den Bezugswissenschaften. Das Fachlexikon bietet erste Orientierung, vermittelt Grundlagenwissen und ermöglicht eine vertiefte Recherche zu allen Bereichen der Sozialen Arbeit – kompakt und kompetent.